辽宁省社会科学规划基金项目（L19BFX007）
东北财经大学学术专著出版资助

比较法视野下的多数人侵权责任论

以日本环境损害救济为考察对象

赵 晶◎著

中国法制出版社
CHINA LEGAL PUBLISHING HOUSE

前　言

　　高速经济增长后的社会剧变导致侵权行为类型的增多与受害范围的扩大。在现代社会的侵权法律纠纷中，存在多数加害人的情形极为常见，例如由多个污染源造成的环境污染和生态破坏、由多人过失导致的交通事故、商家有组织地损害消费者权益的产品责任事件、食品安全事件、证券集体诉讼等，诸如此类事件层出不穷，不仅令众多受害人的合法权益遭受到不同程度的侵害，从而造成大范围的损害后果，与此同时受害人在寻求救济方面却往往陷入困境，由此会严重影响到当前社会的和谐稳定。然而以往的法律规范在解决此类事件中所能发挥作用的局限性却日趋明显，因此《民法典》侵权责任编在第一章中专门规定了"多数人侵权"的一系列条款，以规范的责任承担方式解决了现实中受害人请求损害赔偿的问题。本书正是在此背景之下，以比较法研究为视角，基于中日两国多数人侵权法领域所积累的研究成果，对不同历史阶段的多数人侵权制度在理论研究与司法实践中经历了怎样的变化，以及如何适应社会发展这一问题做出全面系统的理论阐述和分析。在此过程中主要选取了与日本社会经济发展相生相伴的生态环境损害救济问题为考察对象，通过对其中的多数人侵权理论与司法实践的考察分析拟建立一种框架，以包括各类型的多数人侵权行为与责任，同时指出我国目前立法存在的问题及现实障碍，在借鉴日本相关经验的基础上，提出有针对性的解决方案和法律制度适用层面的建议，在具有实用性、创新性的理论分析视角之下，构建适合于我国当前社会经济高质量发展阶段的多数人侵权理论体系。全文结构如下：

第一章题为"多数人侵权制度的历史性考察"。本章对近代以来我国多数人侵权制度的发展历程、理论变迁进行概述，具体分为三个阶段：第一，从《大清民律草案》到《中华民国民法典》的发展阶段；第二，自新中国成立到《民法通则》实施前后的发展阶段；第三，《最高人民法院关于审理人身损害赔偿案件适用法律若干问题的解释》制定实施后的发展阶段。以法律规范为基础，从理论与实践出发，将我国多数人侵权类型区分为共同侵权行为、共同危险行为和无意思联络的数人侵权行为，对各具体类型侵权行为的构成要件与责任承担方式进行分析，并围绕"关联共同性"这一核心要件的意义进行重点考察。

第二章题为"民法典时代的多数人侵权行为与责任"。本章按法律颁布实施的时间先后顺序分别选取了《侵权责任法》《民法典》侵权责任编，以及《最高人民法院关于审理生态环境侵权责任纠纷案件适用法律若干问题的解释》中关于多数人侵权的法律规范。首先，从《侵权责任法》的制定入手，通过对此阶段各立法草案的考察，整理立法过程中的争议焦点，对上述争点的解决方案如何体现在《侵权责任法》正式条文中，以及涉及多数人侵权行为与责任的条文的设计特色等问题进行逐一阐释。其次，通过整合现行《民法典》关于多数人侵权行为与责任的基本类型，从规范分析的角度探讨各类型所面临的理论研究与法律适用问题。最后，针对在生态环境侵权领域出现的新问题，以最高人民法院出台的司法解释为依据，对从多数人侵权概念范畴中延伸出的多数人生态环境侵权责任进行类型化适用，分析讨论责任承担方面所面临的现实困境及其完善措施。

第三章题为"多数人侵权制度的日本法考察"。本章将日本多数人侵权划分为四种类型，即意思共同型、客观共同型、损害一体型和加害者不明型，并将争论焦点集中于尚未在法律规范中得到明确的类型之上。首先从对《日本民法典》第719条的分析入手，明确该条规定的立法宗旨，从宏观的视角总结出日本现有确定的多数人侵权行为类型。其次，以共同侵权行为论为题，围绕学界关于共同侵权行为核心要件之关联共同性的解释论展开学说与判例方面的深层次探讨。再次，以竞合侵权行为论为题，将竞合侵权行为作为多数人侵权行为中的另一典型类型，从法律特征、要件构成、法律效果等方面分析竞合侵权行为制度的存在意义。最后，以日本侵权法重述和日本民法改正草案对多数人侵权规范的设置为依据，在既有判例和学说观点的基础上总结理论研究的发展趋势。

第四章题为"多数人侵权理论在日本环境诉讼中的应用"。本章内容以案例分析为主线，在了解日本环境公害法历史发展状况的基础上，通过选取自20世纪初至今的典型案例，分析其中的判例法理，并对理论研究成果在司法实践中所起的作用进行评价。特别是在生态环境公害诉讼中，法院在长期实践的基础上突破传统，灵活运用共同侵权行为理论，扩大对受害群体的救济路径范围，并取得了良好的社会效果。此经验不仅增强了判例的指导作用，还弥补了成文法规范的不足，并推动了同时期在立法与行政方面的政策性改革。

第五章题为"多数人侵权理论的比较法探讨"。本章内容旨在前述章节的基础上总结中日两国在法律制度、学说理论、判例法理等方面的差异，分析我国关于多数人侵权法律规范的特征，并从以下角度论证我国对域外法制借鉴的可行性。第一，将共同侵权行为核心要件的"关联共同性"作进一步类型化区分，扩大其在具体案例中的适用范围，分析作为共同侵权行为成立判断标准的主观关联共同类型与客观关联共同类型并存之可能性。第二，通过明确竞合侵权行为在多数人侵权类型体系中的定位，探讨其中的具备"弱关联共同性"的侵权行为类型是否有被我国多数人侵权制度体系吸收采用的必要，分析我国引入"加害部分不明"的多数人侵权行为之可行性。

第六章题为"多数人侵权规范体系的再构建"。作为本书的结论部分，本章提出对我国的多数人侵权规范体系进行整合与重构的设想，在借鉴域外制度的基础上分析多数人侵权法律制度与其他法律制度在损害分担机制上的关系，以生态环境损害救济为例，建议在侵权行为人履行不能的情况下综合运用损害填补、国家赔偿、社会保障等补充性措施对受害人进行充分救济，并提出我国应对具体案件类型的解决思路，以及对今后研究的展望。

目 录
CONTENTS

绪 论 / 001

　　一、中国多数人侵权研究现状 / 001

　　二、日本多数人侵权研究现状 / 003

　　三、中日两国比较研究的意义 / 006

第一章　多数人侵权制度的历史性考察 / 009

　　第一节　多数人侵权制度发展的历史沿革 / 009

　　　　一、近代以来多数人侵权制度变迁 / 009

　　　　二、《民法通则》时期的多数人侵权 / 014

　　　　三、《人身损害赔偿解释》中的多数人侵权 / 018

　　第二节　多数人侵权的基础理论 / 021

　　　　一、共同侵权行为的本质论争 / 021

　　　　二、共同危险行为存在的意义 / 026

　　　　三、无意思联络的数人侵权行为的基本结构 / 029

第二章　民法典时代的多数人侵权行为与责任 / 033

　　第一节　《侵权责任法》立法阶段关于多数人侵权制度的探讨 / 033

　　　　一、《侵权责任法》的立法背景 / 033

二、立法草案及立法争点 / 034
三、多数人侵权规范体系的确立 / 046

第二节 《民法典》中多数人侵权的基本形态 / 049

一、共同侵权行为与责任 / 050
二、共同危险行为与责任 / 052
三、分别侵权行为与责任 / 054
四、竞合侵权行为与责任 / 056

第三节 生态环境侵权司法解释中的多数人侵权 / 058

一、多数人环境侵权责任的认定 / 058
二、多数人环境侵权赔偿责任的类型化适用 / 064
三、生态环境侵权惩罚性赔偿的法律适用 / 071
四、生态环境保护禁止令的法律适用 / 081
五、多数人环境侵权责任承担的现实困境及其完善措施 / 087

第三章 多数人侵权制度的日本法考察 / 099

第一节 多数人侵权的基本构造 / 099

一、《日本民法典》第719条的立法宗旨 / 100
二、多数人侵权行为的类型 / 105

第二节 共同侵权行为论 / 108

一、早期的学说与判例的立场 / 110
二、近期的学说与判例的立场 / 116
三、新的理论动向——类型说之发展 / 121

第三节 竞合侵权行为论 / 128

一、竞合侵权行为的法律特征 / 128
二、竞合侵权行为与共同侵权行为之间的关系 / 129
三、竞合侵权行为的法律效果 / 132

第四节 小　结 / 133

一、判例和学说的倾向 / 133

二、日本侵权法重述的立场 / 134

三、日本民法改正草案的立场 / 137

第四章　多数人侵权理论在日本环境诉讼中的应用 / 141

第一节　日本环境公害法的发展与现状 / 141

一、日本环境公害法的四个发展时期 / 142

二、日本环境公害法在发展中呈现的特点 / 144

第二节　环境诉讼中的要件事实论 / 146

一、故意·过失与违法性要件 / 147

二、因果关系要件 / 156

三、责任承担方式之停止侵害 / 163

第三节　经典案例分析与判例法理的形成 / 169

一、存在多数加害人的公害与共同侵权 / 170

二、联合企业公害与共同侵权 / 173

三、都市型复合污染与共同侵权 / 176

四、复合暴露型公害与共同侵权 / 179

第四节　公害诉讼对环境政策的影响及其对我国的启示 / 181

一、日本环境公害诉讼作为"制度改革诉讼"的意义 / 181

二、对我国的启示 / 184

第五章　多数人侵权理论的比较法探讨 / 188

第一节　共同侵权核心要件之关联共同性的意义 / 188

一、日本法的特色 / 188

二、中国法的特色 / 191

三、对我国的借鉴——主观关联共同类型与客观关联共同类型并存之可能性 / 193

第二节 竞合侵权行为在多数人侵权类型体系中的定位 / 197

一、日本法的特色 / 197

二、中国法的特色 / 201

三、对我国的借鉴——引入加害部分不明的侵权行为类型之可行性 / 202

第六章 多数人侵权规范体系的再构建 / 207

第一节 多数人侵权类型论 / 207

一、《民法典》视野下的多数人侵权类型之整合 / 207

二、对我国多数人侵权类型重构的反思 / 209

第二节 基于其他法律制度的损害分担机制 / 210

一、多渠道的损害填补制度之适用 / 211

二、国家赔偿制度之适用 / 213

三、社会综合救济体系设想的提出 / 218

参考文献 / 222

绪　论

一、中国多数人侵权研究现状

《中华人民共和国民法典》（以下简称《民法典》）关于多数人侵权的基本规定集中于第1168—1172条，是在总结了以往理论研究成果和司法实践经验的基础上，广泛参考世界各国立法经验的立法成果。虽然条文规定较为简单，但是在以解释论为基础的理论研究方面却存在若干争议，关于多数人侵权的类型划分、构成要件的认定标准、责任分担的规范模式等问题至今尚未形成统一性结论。

以2009年《中华人民共和国侵权责任法》（以下简称《侵权责任法》）的颁布为分界线，关于新中国多数人侵权理论研究的发展历程可划分为两个阶段：第一阶段即从新中国成立之初到《侵权责任法》颁布前的时期。有关多数人侵权的研究主要是以1986年《中华人民共和国民法通则》（以下简称《民法通则》）以及2003年《最高人民法院关于审理人身损害赔偿案件适用法律若干问题的解释》（以下简称《人身损害赔偿解释》）中的相关规定为依据而展开的。根据构成要件的不同将多数人侵权行为划分成三种类型，即共同侵权行为、共同危险行为以及无意思联络的数人侵权行为。关于共同侵权行为，学者围绕"共同性"这一本质要件展开了如下讨论。占据通说地位的主观说将"共同"的含义做了限缩解释，其认为共同侵权行为的成立需要加害人之间具备主观上的意思联络，即共同过错，这也是法院在此类案件审理中采用最广泛的理论依据。客观说主张，只要各加害人在客观上有共同的行为就应当认定共同侵权行为的成立，令其承担连带赔偿责任。在司法实践中，客观说主要适用于多重交通事故、环境污染和生态破坏等赔偿责任人发生混同的情形。折衷说主张，应同时考虑主、客观两方面的因素，并以此作为认定共同侵权行为是否成立的判断标准。《人身损害赔偿解释》即采用了折衷说的立场，将多数人侵权行为区分为"直接结合"的侵权行为与"间接结合"的侵权行为两种类型，由各加害人承担连带责任或按份责任。至此形成了我国初步的多数人侵权规范体系。

第二阶段即从《侵权责任法》的实施到《民法典》的颁布，为我国多数人侵权法律规范体系的确立时期。此时学界在以往理论研究成果的基础上，立足于相关法律规范，肯定了《侵权责任法》对多数人侵权进行类型化区分的做法，将第8条中的"共同性"要件限缩解释为主观上的关联共同性，将第10条归为具有"择一因果关系"的共同危险行为，把无意思联络的数人侵权行为进一步区分为具有"累积因果关系"的侵权行为与具有"部分因果关系"的侵权行为，分别适用于第11条、第12条的规定，依据损害后果是否具有一体性、加害人之间的关联共同性等因素确定承担连带责任或按份责任。《民法典》第1168—1172条完全延续了《侵权责任法》对多数人侵权的分类，同时期颁布实施的单行部门法和司法解释也对各类特殊侵权行为中涉及的多数人侵权做出了特别规范，较之于第一阶段的规定更为科学，既有利于完整理论体系的建立，又有利于司法实践中对法律规范的正确适用。

多数人侵权理论以要件论和效果论为区分，在要件论方面，对共同侵权行为本质要件之"共同性"的研究已积累了丰富的成果；在效果论方面，确立了连带责任、不真正连带责任、按份责任、补充责任等一系列责任承担规则。然而，在全球经济一体化的发展进程中，各主体之间的利害关系变得愈加复杂多样，加之立法所固有的滞后性，单单几项条文已不能应对各种复合类型的侵权事件。尤其是在多数受害人与多数加害人同时并存的情形中，受害人群体和加害人群体之间的利益衡量问题，"加害人不明"侵权与"加害部分不明"侵权的责任承担问题，竞合侵权在多数人侵权中的定位问题，部分连带责任的适用标准问题等均有待进一步研究。时至今日，在我国司法实践中，法院实际审判的此类案件数量相当庞大，从中已积累了丰富的经验，但学理上通常仅限于个案类型研究，尚未形成统一性的理论体系。与此同时，由于法院在案例判决中普遍缺乏对学说的灵活运用，多数人侵权的理论研究成果远未发挥出在司法实践中应有的实用价值。

二、日本多数人侵权研究现状

目光转向邻国，自1898年《日本民法典》制定实施以来，已历经百余年，关于多数人侵权行为的理论研究主要依托于《日本民法典》第709条与第719条之规定。由于只有简单抽象的两个条文，成文法规范的欠缺便无法应对急剧增多的案件类型，必然要通过解释论对多数人侵权行为的认定标准做出多样性阐释，由此各类学说层出不穷，其丰富的内容在一定程度上弥补了成文法在立法方面的不足。学者结合判例提出了相应的类型化主张，法官在裁判过程中对这些理论学说进行吸收、运用，及时应对了不断涌现出的新型多数人侵权纠纷。

在日本，多数人侵权行为一般区分为共同侵权行为和竞合侵权行为，其分别对应《日本民法典》第719条和第709条。虽然中国和日本均使用了"共同侵权行为"的称谓，但是就概念的适用范围来讲，日本法中的共同侵权行为要大于中国法中的共同侵权行为，从与之相对应的《日本民法典》第719条规定做进一步分析，共同侵权行为包括狭义的共同侵权行为、准共同侵权行为以及教唆帮助的侵权行为。在日本的多数人侵权理论研究中，共同侵权行为论占据了相当大的比重，主要围绕两方面：一是核心构成要件——关联共同性的意义；二是法律效果中的责任类型与求偿关系，分别形成了要件论和效果论。

追溯到当初的立法阶段，《日本民法典》的起草人对什么是共同侵权进行了初步探讨，例如学者在早期曾提出以共同行为为媒介，以降低和缓和各侵权行为和损害结果之间的因果关系证明难度的见解。在对本质要件"关联共同性"的理解上，学者普遍认为各侵权行为人之间不需要"共谋"，只要其在实施侵权行为时有客观上的关联共同性即可。这种学说（客观说）在此后发展成为通说，并广泛应用于司法判例。在此期间，日本经历了经济的高速发展，同时也伴随着环境公害事件的频发。环境诉讼中的公害，在多数情况下是由众多企业的生产经营活动所导致的，在民事诉讼中追究加害人的损害赔偿责任，通常直接适用的是《日本民法典》第719条关于共同侵权行为的规定，因此学界关于共同侵权行为的解释论主要围绕第719条在环境公害诉讼中的适用而展开。

从日本近百年来环境公害判例的发展情况可以看出，如何构筑判例中的法理无疑成为受害人胜诉的关键。面对存在众多加害人的生态环境损害事件，日本法院突破传统，灵活运用共同侵权行为理论寻求民事救济的最优途径，在案件的处理上取得了良好的社会效果。在学者、司法实务工作人员的努力下形成的共同侵权行为解释论，对共同侵权行为的成立要件和法律效果做出了多样化的解释，尤其体现在城市复合型污染公害诉讼判决对共同侵权行为理论的运用与阐释方面，为受害群体能取得最终的胜诉做出了巨大贡献。由此判例对传统理论的修正与新学说对法院判决的影响相辅相成，使共同侵权行为理论论争呈现出百家争鸣的局面。其中的代表性学说有成立共同侵权行为需要主观意思起作用的主观共同说，也有主张客观上具有关联共同性即可成立共同侵权的客观共同说，还有主张在风险社会中应当对与自己的行为不存在因果关系（或不能证明）的损害也要负责任的情形中，需尝试对关联共同性要件进行类型化理解的类型说。这些不断涌现的一系列新学说，通过对主客观要素的并用呈现出丰富的理论变化，并灵活运用于司法实践，在很大程度上弥补了成文法的不足，同时也间接推动了立法与行政方面的政策性改革。

  时至今日，关于日本的共同侵权理论，乃至多数人侵权理论研究仍尚未形成统一的见解，究其原因主要在于全球已进入互联网时代，尤其是随着人工智能在社会各方面应用领域的普及，致使当今的社会关系愈加趋向于复杂化，新的多数人侵权案件类型不断增多。与此同时，在全球生态环境形势日益严峻的背景下，涉及生态环境损害的社会问题也更加多样化，面对千变万化的司法实践现状难以形成放之四海而皆准的理论框架，因此日本多数人侵权行为理论的发展不仅不会停滞，反而必将在今后呈现出更为丰富的变化态势。不仅如此，在日本民法学理论研究中，与多数人侵权类型划分有关的法律纠纷，趋向侧重于能及时对应社会现象的一般理论的构筑，其中就有不少值得我国借鉴的研究成果。

三、中日两国比较研究的意义

通过对研究现状的分析可知，目前我国在多数人侵权理论研究方面的不足主要体现于以下三点。

第一，研究视域有待扩展。既有研究多围绕《侵权责任法》的相关规定展开，在司法实践中以个案类型的讨论为主，且多数研究未从公法与私法相结合的角度解释环境污染与生态破坏责任、产品责任、交通事故责任、网络侵权责任等社会热点问题，缺乏《民法典》实施以来对我国多数人侵权理论及实践发展趋势的总结，以及构建类型化体系的探讨。

第二，研究文献有待更新。在我国多数人侵权研究领域，可供参阅的资料大多是若干年前的国外著作译本，缺乏对司法判例的考察，与现今主要国家侵权法改革发展趋势相脱节，这在一定程度上影响了对域外法制的吸收借鉴，以及多数人侵权理论研究成果的更新。

第三，研究内容有待深入。目前对专门介绍国外多数人侵权的论著主要是关于美国法和德国法，其他国家侵权法论著的数量不多，已有研究虽涉及各国的多数人侵权规则，但实际上仅停留在制度介绍的表层，对近期新出现判例类型的考察，以及国外理论研究成果的借鉴还不充分，对其中的若干关键性问题并没有进行深入细致的研究。

自我国进入民法典时代，在社会价值取向多元化的背景下，民事权益的内容愈加丰富，多数人侵权行为的表现形态亦更加多样化，为有效定分止争，缓解法官在审理案件时面临的法律适用的不确定性，有必要对多数人侵权作出更加细化的规范，加强多数人侵权一般规则与特殊规则之间的协调性。

中国和日本原本是一衣带水的邻邦，从中国近代以来的法制进程看，其或多或少受到了日本法的影响。而且在全球经济一体化发展趋势的当下，国与国之间法律制度的交流及取长补短也是十分必要的。以生态环境损害为例，当初处于经济高速增长期的日本由于重视经济发展而忽视环境保护，国家政府层面对环境污染受害群体的权益救济采取了比较消极的态度，因此广大受害人转而提起民事诉讼，通过司法救济手段进行权益维护。以四大公害诉讼的胜诉为契机，关于多数人侵权的理论研究，伴随着环境公害诉讼的进程而得到了长足的发展进步，这种理论积累对中国法来说是具有现实意义和参考价值的。同时全球可持续发展战略的实施也为不同国家在环境问题方面的法学理论成果与实践经验的相互借鉴提供了研究空间。

一个时期以来我国在保持经济发展的同时，也承受着生态环境损害的负面影响。由工业化带来的社会巨变中，因产业活动造成污染所导致的人身、财产、生态环境等相关损害始终存在，以各类环境侵权作为原因而引发的纠纷数量呈逐年上升的趋势，其损害后果已对人民群众的人身、财产安全以及社会的和谐稳定造成了严重影响，尤其是涉及多个污染源的生态环境诉讼，明确侵权人的责任至关重要。根据我国现行法律规范，《民法典》与《最高人民法院关于审理生态环境侵权责任纠纷案件适用法律若干问题的解释》中有关环境污染与生态破坏责任的专门规定，以及环境治理领域的特别法，都为处理生态环境损害问题提供了法律依据。具体到侵权法领域，主要适用关于多数人侵权的规定，责任承担方式除了事后补救性质的损害赔偿、恢复原状之外，也有事前预防性质的停止侵害、排除妨碍、消除危险，并且两者可以合并适用。然而，由于立法所固有的滞后性与民事责任救济效果的局限性，面对众多原因发生竞合的环境侵权事件，如何进行有效的责任追究仍是亟待完善的问题。

长期以来对我国环境污染和生态破坏致害侵权行为的责任追究往往以政府为主导的行政责任作为主要解决方式，民事责任尚未在司法实践领域全面发挥其应有的作用。如何在现有的法律制度框架之下创新思维，以公私法协同联动的方式探索多数人侵权行为构成与责任承担的判断标准与创新路径，完善损害综合救济体系，即本书研究的目的所在。鉴于赔偿损失向来是侵权法中最基本、最有效的责任承担方式，因此本书以多数人侵权行为与责任为主要研究内容，分别梳理了中日两国多数人侵权的基本制度框架，并以日本生态环境损害救济问题为切入点，通过考察多数人侵权理论在日本环境公害诉讼中的应用实践，特别是通过共同侵权行为理论的演化，分析日本多数人侵权的法律适用规则特征，在此基础上与我国的多数人侵权制度进行比较研究，选取其中有用的观点，并尝试将其运用于新出现的实践问题，构建适合我国国情的理论框架。另外，从最近世界范围内的法制动向来看，各国多致力于修改传统民法的责任体系，实行责任个别化与赔偿社会化相结合的原则，提倡结合部门法，与社会保障制度共同建立综合救济体系，在新形势下的多数人侵权之研究也将体现出这一发展趋势。

第一章 多数人侵权制度的历史性考察

第一节 多数人侵权制度发展的历史沿革

一、近代以来多数人侵权制度变迁

在中国近代史上，共同侵权作为多数人侵权的典型形态之一，其概念正式以规范的法律条文形式出现可追溯至《大清民律草案》。[①]该草案中的相关规定如下：

[①]《大清民律草案》是清末时期法典编纂运动的成果之一。中国近代以来，诸法典的编纂起始于中日甲午战争时期，甲午战争的战败标志着清王朝"中体西用论"为主的富国强兵政策的破产，此后以康有为、梁启超等民间知识分子为代表的改革派主张不仅要引进西方的先进技术，还应从根本上对以儒家思想为中心的社会制度进行变革，效仿日本的明治维新，以实现立宪开明君主制为目标开展变法自强运动，然而此次变法却由于保守派的镇压而迅速失败。与此同时，南方革命运动愈演愈烈，清王朝统治岌岌可危，加之当时日俄战争爆发，日本作为新兴国家战胜俄国，受此影响，清政府决定采纳改革派的计划，确立并推进立宪体制，于1907年设立修订法律馆，开始正式的法典编纂作业。当时清政府聘请了若干日本法学家作为编纂顾问，其中松冈义正作为民法与民事诉讼法的担当者，于1911年起草完成了民律前三编（民法总则、债权、物权），加上本国学者起草的亲族法、继承法二编，最终草案合计1569条，定名为《大清民律草案》。参见张晋藩：《清代民法综述》，中国政法大学出版社1998年版，第248页。谢振民编著、张知本校订：《中华民国立法史》，中国政法大学出版社2000年版，第743页。[日]岛田正郎：《清末近代法典的编纂》，创文社1980年版，第8页。

【大清民律草案】

第950条　数人因共同侵权行为加损害于他人者，共负赔偿之义务。其不能知孰加害者，亦同。

教唆人及帮助人，视为共同行为人。

第972条　一侵权行为所生之损害，有数人共任其责者，数人作为连带债务人而任其责。

根据对《大清民律草案》第950条立法理由的阐释，"数人因共同侵权行为加损害于他人"是指因存在共同的意思而导致了共同的结果。在这种情况下，各共同侵权行为人均对全部损害负有赔偿责任。[1]而本条中"多个行为人共同所负的损害赔偿责任"即为第972条所指的连带责任。

由于《大清民律草案》内容本是从外国法继受而来，大多效仿德国、日本等国家民法典的规定，其过于强调个人利益，而对当时中国的文化传统与社会现状有所忽视，以至于并未被社会民众广泛接受。加之次年爆发了辛亥革命，在清王朝统治被推翻的同时，该草案也随之终结。

中华民国成立后，又一次开始了法典编纂活动。中华民国政府于1915年设立法典编纂会，其后改名为修订法律馆，沿用《大清民律草案》为立法起草资料，于1925年完成了《中华民国民律草案》。[2]该草案将共同侵权行为规定在第248条，具体内容如下：

---

[1] 关于《大清民律草案》第950条、第972条规定，参见杨立新点校/主编：《大清民律草案·民国民律草案》，吉林人民出版社2002年版，第124页。

[2] 《中华民国民律草案》内容包括总则、债、物权、亲族、继承五编合计1220项条文。参见杨立新点校/主编：《大清民律草案·民国民律草案》，吉林人民出版社2002年版，第234页。

【中华民国民律草案】

第248条 数人共同不法侵害他人之权利者,负连带损害赔偿责任。不能知其中孰为加害人者,亦同。

教唆人及帮助人,视为共同行为人。

《中华民国民律草案》完成后不久,中华民国政府接受1921年华盛顿会议的决议,以收回领事裁判权为目的对民事、商事以及刑事等法律制度进行调查改善,并自1928年起正式开展法典编纂活动。现如今我国台湾地区所适用的"民法"就是当时立法的成果。[①]该法典将共同侵权行为规定在第185条,其条文内容与之前的《中华民国民律草案》如出一辙,仅仅把第2项条款中的"教唆人"改为了"造意人"。

【我国台湾地区"民法"】

第185条 数人共同不法侵害他人之权利者,连带负损害赔偿责任。不能知其中孰为加害人者,亦同。

造意人及帮助人,视为共同行为人。

从上述立法过程中的法律文本可以看出,关于共同侵权行为的规

---

① 关于《中华民国民法典》的立法过程,1929年首先由当时的立法院成立了民法起草委员会,以史尚宽、林彬、郑毓秀等为起草委员,以司法院长王宠惠、考试院长戴傅贤、法国学者Padoux为顾问,同时开展了民法典各编的起草工作。1929年10月开始实施民法总则,1930年5月开始实施债编、物权编,1931年5月开始实施亲族编、继承编,至此民法典编纂作业全部完成。《中华民国民法典》是我国近代史上民事法领域的首部正式成文法典。参见[日]我妻荣:《中华民国民法债权总论》,中央大学1933年版,第108页。

定无论在结构上还是在内容上都大致相同，显然是参考了《德国民法典》的立法例。①学者在此基础之上，围绕共同侵权行为的构成要件进行了初步论争，在当时主要形成了主观说和客观说两种立场。

主张主观说的学者有郑玉波、梅仲协等，认为各加害人之间须有共同的意思联络，才能成立共同侵权行为。主要根据有两方面：一是令加害人承担连带责任的理由在于，当加害人之间存在意思上的联络时，会直接导致损害范围的扩大，因此必须由加害人负相应责任。二是条文第1款后段的共同危险行为揭示的是加害人之间没有意思联络的情形，作为内容上的对照，有必要将第1款前段限定为有意思联络的共同侵权行为。②

主张客观说的学者主要有史尚宽、王伯琦、胡长清、何孝元等，认为各加害人间有无意思联络在所不问，只要各侵权行为人的行为在客观上导致了同一损害后果，即可成立共同侵权行为。其理由有三方面：一是从条文内容来看，并没有明文要求主观上的因素，因此也就没有阻碍采取客观说理解的立场；二是根据主观说，受害人如果无法举证证明因各加害人的行为遭受了损害，则有可能无法获得损害赔偿，相比而言，在当时风险社会的大背景之下，客观说更有利于保护受害人的利益；三是考虑到关于民事责任与刑事责任在立法目的上的差异，民事责任领域主要以损害赔偿为中心，从填补损失的角度来

---

① 《德国民法典》第830条规定："二人以上共同实施的侵权行为引起损害的，每一个人就损害负责任。不能查明两个以上参与人中孰以其行为引起损害的，亦同。教唆人和辅助人，视为共同行为人。"

② 参见梅仲协：《改订新版民法要义》，三民书局1959年版，第147页。郑玉波：《民法债编总论》，三民书局1962年版，第166页。

看，客观说有其优势地位，更易于受害人获得赔偿。[1]

根据《大清民律草案》第950条的立法理由所示，其体现了构成要件要求主观共同性的立场。后来我国台湾地区"民法"第185条之所以也沿用了这一立场，有出于对受害人利益保护的目的。条文所示，当多数人行使侵害行为导致他人损害，则各加害人均应承担全部责任；造意人及帮助人也应视为共同加害人。同时指出多数人的侵权行为造成同一损害后果时亦同。因此，我国台湾地区"民法"采取的立场既包括主观说也包括客观说。而我国台湾地区的判例则明显经历了一个由主观说向客观说转变的过程。以我国台湾地区"司法院"1977年作成的例变字第1号为例，其对"最高法院"1966年台上字第1798号判例的变更理由如下："民事上之共同侵权行为与刑事上之共同正犯，其构成要件并不完全相同，共同侵权行为人间不以有意思联络为必要，数人因过失不法侵害他人之权利，苟各行为人之过失行为均为其所生损害之共同原因，即所谓行为关联，亦足成立共同侵权行为。"[2]因台湾地区"最高法院"1966年台上字第1798号判例明确表示"民法"第185条第1款前段所称共同不法侵害他人之权利，须有意思上的联络，故例变字第1号旨在变更此前主观说的立场，自此客观说在司法实务中逐渐占据了主导地位，主张客观说的学者也占据了大多数。作为现台湾地区"民法"起草人之一的史尚宽教授在其著书《债法总论》中提到，共同侵权行为的成立取决于是否存在客观共

---

[1] 参见何孝元：《民法债篇总论》，三民书局1968年版，第89页。王伯琦：《民法债编总论》，正中书局1983年版，第80页。胡长清：《中国民法债编总论》，台湾商务印书馆1977年版，第155页。

[2] 参见王泽鉴：《侵权行为》，北京大学出版社2009年版，第353页。

同性这一要件，①因此可以认为其采取了客观说的立场。当然，还有一部分学者是折中说的代表，例如林诚二等，其观点都是在主观说和客观说的理论基础上展开讨论的。②

二、《民法通则》时期的多数人侵权

（一）从规定的空白到一系列司法解释的制定

新中国成立之初的30年间，由于受苏联法制的影响，民事法律规范分散在行政法规和规章之中，加之后来"文革"的影响，私法秩序完全丧失，以至于在相当长的一段时期并不存在关于多数人侵权的正式法律规定。20世纪80年代，以改革开放为契机，随着市场经济的发展，社会中关于建立健全民事法律制度的呼声越来越强，在此社会背景之下，最高人民法院开始制定一系列司法解释。例如1984年《最高人民法院关于贯彻执行民事政策法律若干问题的意见》第73条规定了关于多数人侵权行为的审判规则，包括三项基本内容：一是共同致人损害分别承担赔偿责任；二是教唆或帮助致害亦分别承担相应责任；三是无资力者由其他加害人负连带责任。③单从涵盖内容上讲，本条除了对共同危险行为未作规定之外，其他内容与大陆法系民法典所示的共同侵权行为原理几乎相同。

此时学界对共同侵权行为的构成要件也展开了初步讨论，主要存

---

① 参见史尚宽：《债法总论》，台湾荣泰印书馆1978年版，第166页。
② 参见林诚二：《民法债编总论——体系化解说》，中国人民大学出版社2003年版，第163页。
③ 《最高人民法院关于贯彻执行民事政策法律若干问题的意见》第73条规定："两个以上致害人共同造成损害的，应根据各个致害人的过错和责任的大小，分别承担各自相应的赔偿责任。教唆或者帮助造成损害的人，应以共同致害人对待，由其承担相应的赔偿责任。部分共同致害人无力赔偿的，由其他共同致害人负连带责任。"

在"意思联络说"与"共同行为说"两种见解。其中意思联络说认为，要使侵权主体各自的行为统一起来成为一个共同行为，就必须要有他们的愿望和动机，即共同的意思联络，或曰共同通谋，或曰共同故意。有了意思联络，便在主体间产生两个方面的统一：一方面是主体意志的统一，另一方面则是主体行为的统一。如果没有主体间的意思联络，则诸行为就无法在实质上统一起来，因而也就不能成为一个积极的具有内在联系的共同行为。没有意思联络，就没有共同行为的主观动因。①

共同行为说则认为，共同行为才是共同侵权的本质特征，一个加害结果的发生，总是与共同的加害行为紧密联系，不可分割的，每一个加害人的行为与共同行为又都具有不可分割的性质，单个行为是共同行为的组成部分，缺少任何一个行为，共同侵权行为都不能成立，该损害后果也不会发生。正是这种共同行为的不可分割性，才使共同行为与损害后果有了必然的联系，决定了任何一个人均对全部损害后果负有不可推卸的责任。同时侵权行为人只要各自主观上有过错即可，而无需共同过错的存在。②

(二)《民法通则》及其司法解释的补充性规定

由于司法实务经验的缺乏与理论观点的差异，1986年《民法通则》在立法之际采取了回避争论的立场，对共同侵权行为规范的设置采取了简单抽象的规定模式，即第130条"二人以上共同侵权造成他人损害的，应当承担连带责任"，关于共同侵权行为的类型则并未作

---

① 参见伍再阳：《意思联络是共同侵权行为的必备要件》，载《现代法学》1984年第2期，第29页。
② 参见邓大榜：《共同侵权行为的民事责任初探》，载《法学季刊》1982年第3期，第43页。

出划分。而此时学界对于共同侵权行为的研究尚未深入，相关著作对该条的解释基本上也避重就轻，仅从所记载的立法理由来看，要求共同侵权行为法律规范的制定一方面要体现我国的民法精神，另一方面应参考世界范围内最新的理论研究成果。因此关于共同侵权行为的本质之争，其认为"共同行为说"应作为共同侵权制度的基础，但同时也有必要对其理论缺陷进行弥补。从这个角度出发，此时期关于共同侵权行为的构成要件至少应包括以下几项内容：

a. 共同侵权行为的主体为多数加害人；

b. 共同侵权行为人之间存在"共同的行为"；

c. 各加害人具有责任能力；

d. 共同侵权行为人之间存在主观的过错；

e. 加害行为具有违法性；

f. 多数行为人的行为与损害后果之间具有因果关系。[①]

其后，1988年出台的《最高人民法院关于贯彻执行〈中华人民共和国民法通则〉若干问题的意见（试行）》第148条补充规定了教唆人、帮助人的共同侵权行为，即"教唆、帮助他人实施侵权行为的人，为共同侵权人，应当承担连带民事责任。教唆、帮助无民事行为能力人实施侵权行为的人，为侵权人，应当承担民事责任。教唆、帮助限制民事行为能力人实施侵权行为的人，为共同侵权人，应当承担主要民事责任"。其中，教唆、帮助无民事行为能力人实施侵权行为的，实际上将无民事行为能力人作为一种工具，从而应当单独承担侵权责任。但是教唆、帮助限制民事行为能力人实施侵权行为的，成立

---

① 参见梁书文、回沪明、杨振山：《民法通则及配套规定新释新解》，人民法院出版社2001年版，第3487页。

共同侵权行为，应该由教唆者、帮助者与被教唆者、被帮助者承担主要责任。然而此处的"主要责任"应如何理解则存在争议，对此有学者主张，这里的主要责任实际上是指在教唆者、帮助者与被教唆者、被帮助者成立连带责任的前提下，教唆者、帮助者承担大部分责任。[①]也有学者认为，这里的主要责任实际上属于按份责任，因为此规定与第2款关于教唆无民事行为能力人不构成共同侵权行为一样，主要体现对教唆者的惩罚，以及对限制民事行为能力人的保护，突破共同侵权行为人承担连带责任的原则，应视为连带责任的例外。[②]

另外，根据2001年出台的《最高人民法院关于民事诉讼证据的若干规定》第4条第1款第7项规定，"因共同危险行为致人损害的侵权诉讼，由实施危险行为的人就其行为与损害结果之间不存在因果关系承担举证责任"，由此共同危险行为这一概念得以明确，一定程度上弥补了共同侵权行为制度的不足。

如上所述，此时期关于多数人侵权行为的规定较为分散，因此尚未形成明确的类型划分体系，理论界仅对共同侵权行为的类型进行了若干讨论，[③]基本承袭了大陆法系民法典的立法体例，将共同侵权行为划分为狭义的共同侵权行为、教唆与帮助型的共同侵权行为和共同危险行为。

---

① 参见程啸：《侵权行为法总论》，中国人民大学出版社2008年版，第407页。
② 参见张新宝：《侵权责任法原理》，中国人民大学出版社2005年版，第85页。
③ 例如杨立新将共同侵权行为划分为四类，分别是意思联络的共同侵权行为、客观关联共同的共同侵权行为、共同危险行为、团伙成员。王利明将共同侵权行为分为典型的共同侵权行为、共同危险行为、无意思联络的共同侵权行为。其中将教唆行为和帮助行为纳入到典型的共同侵权行为之中。张新宝认为共同侵权行为包括"共同正犯"、教唆者和帮助者、团伙成员以及共同危险行为。参见杨立新：《多数人侵权行为与责任》，法律出版社2017年版，第40页。王利明：《侵权行为法归责原则研究》，中国政法大学出版社2003年版，第304页。张新宝：《侵权责任法原理》，中国人民大学出版社2005年版，第81页。

三、《人身损害赔偿解释》中的多数人侵权

自《民法通则》制定实施之后，伴随着经济的快速发展，社会关系趋向于复杂化，此时期的侵权案件数量急剧增加，并不断涌现出了一些新问题，致使侵权行为的类型也出现了显著的变化。在这种情况下，《民法通则》及其相配套的司法解释在应用中的局限性日益凸显，例如因侵权案件中的法律适用规则过于抽象而引发多方争议，关于人身损害赔偿范围与赔偿额的算定标准也没有明确规定，因此1998年开始了新司法解释的起草工作，经过多次讨论，同时广泛听取社会各界的意见，《人身损害赔偿解释》于2004年5月1日正式开始实施。其中，关于多数侵权行为规定在第3条和第4条。[①]根据这两条规定的具体内容，可以将多数人侵权行为分为三种类型，即共同侵权行为、共同危险行为和无意思联络的数人侵权行为。《人身损害赔偿解释》一方面与既有的法律规范保持着密切的关联性，另一方面在对多数人侵权所包括的具体内容的解释上有了重大突破，主要体现在共同侵权行为的分类、新概念的明示与导入以及无意思联络的数人侵权行为认定标准的创新等方面。

[①] 2003年《人身损害赔偿解释》第3条规定："二人以上共同故意或者共同过失致人损害，或者虽无共同故意、共同过失，但其侵害行为直接结合发生同一损害后果的，构成共同侵权，应当依照民法通则第一百三十条规定承担连带责任。二人以上没有共同故意或者共同过失，但其分别实施的数个行为间接结合发生同一损害后果的，应当根据过失大小或者原因力比例各自承担相应的赔偿责任。"
2003年《人身损害赔偿解释》第4条规定："二人以上共同实施危及他人人身安全的行为并造成损害后果，不能确定实际侵害行为人的，应当依照民法通则第一百三十条规定承担连带责任。共同危险行为人能够证明损害后果不是由其行为造成的，不承担赔偿责任。"

(一)共同侵权行为的基本分类

根据2003年《人身损害赔偿解释》第3条第1款规定,将共同侵权行为划分为三类,即因故意造成他人损害的共同侵权行为、因过失造成他人损害的共同侵权行为以及侵害行为直接结合造成同一损害的共同侵权行为。共同侵权行为的构成要件如下:第一,须各行为人的行为均为积极的加害行为,即各侵权行为人直接实施了侵害他人生命、身体、健康等权利客体的行为。第二,须各行为人的行为相互间直接结合,所谓直接结合可从以下方面判断,例如加害行为是否具有时空同一性,加害行为相互结合是否为造成损害结果的唯一原因等。第三,损害结果具有同一性。[1]只要二人以上的侵害行为符合以上三项要件,才能成立共同侵权行为,由各行为人依照《民法通则》第130条规定承担连带责任。

(二)共同危险行为的明示与无意思联络的数人侵权行为的导入

2003年《人身损害赔偿解释》不仅在第4条明文规定了共同危险行为,而且还导入了无意思联络的数人侵权行为这一新概念。

根据2003年《人身损害赔偿解释》第4条规定,二人以上共同实施危及他人人身安全的行为并造成损害后果,不能确定实际侵害行为人的,应当依照《民法通则》第130条规定承担连带责任。共同危险行为人能够证明损害后果不是由其行为造成的,不承担赔偿责任。本

---

[1] 参见陈现杰:《最高人民法院〈关于审理人身损害赔偿案件适用法律若干问题的解释〉的理解与适用》,载《人身损害赔偿指导案例与审判依据》,法律出版社2009年版,第211页。

条标志着我国在法律文件中正式确立了共同危险行为制度,与共同侵权行为相比,共同危险行为的特征在于:第一,实施的行为具有危险性,这种危险性也是令侵权行为人承受不利后果的理由之一。第二,无法确定真正的加害人是谁,加害人不明意味着因果关系不明,也就给了实行因果关系推定规则的共同危险行为以制度上存在的空间。

根据2003年《人身损害赔偿解释》第3条第2款规定,二人以上没有共同故意或者共同过失,但其分别实施的数个行为间接结合发生同一损害后果的,应当根据过失大小或者原因力比例各自承担相应的赔偿责任。本条是人身损害赔偿解释规定中涉及无意思联络的数人侵权行为的直接条款,具有以下特征:一是各侵权行为人之间虽不存在共同过错,但其行为经过偶然结合而对受害人造成了同一损害后果;二是多数行为人根据各自的过错程度或原因力大小承担侵权责任。

(三)无意思联络的数人侵权行为的认定标准——间接结合

关于无意思联络的数人侵权行为,《人身损害赔偿解释》将其范围限定在多个侵权行为相结合造成了同一损害后果,而这种结合仅限于在间接的场合。针对"间接结合"与"直接结合"意义尚无定论的情况,设立如此认定标准受到了多方批判。例如有学者指出,这种表达方式太过于抽象,而具体规定中又并无解释,必然会引起理论上的争论,而要证明侵害行为究竟是"间接结合"还是"直接结合"并没有相关区分标准,对于法官来说,在无理论根据的前提下对"直接结合"和"间接结合"进行判断更是难上加难,最终导致该条款在实践中无法适用。[①]然而虽说如此,《人身损害赔偿解释》毕竟为各级法

---

① 参见程啸:《侵权责任法》(第3版),法律出版社2021年版,第371页。

院系统关于共同侵权行为类型案件的处理提供了相对明确的条文规范,也推动了共同侵权行为在理论研究领域的深入展开,对我国初期的多数人侵权规范体系的建立具有重大意义。

第二节　多数人侵权的基础理论

一、共同侵权行为的本质论争

(一)学说的多样化

学界关于共同侵权行为的讨论集中于共同侵权行为的本质。在《民法通则》制定实施之前,学界关于共同侵权行为的本质构成要件存在共同行为说和共同意思说两种观点。根据当时对共同侵权行为所做的定义,体现出两项基本特征:一是各行为人之间应存在主观上的意思联络或共同过失,二是各行为人的行为在客观上是造成损害后果的原因。据此,对于受害人所遭受的损害,共同侵权行为人应负连带责任。在对外承担连带责任之后,各侵权行为人内部应按其过错程度进行责任分担。此时期侵权之债的目的侧重于保护受害人的合法权益。以上学说的探讨可以被看作主观说与客观说的最初形态。

在《民法通则》制定实施后的二十年间,关于共同侵权行为的学术成果陆续发表,学说方面呈现出多样化的发展趋势,形成了具有代表性的主观说、客观说以及折衷说。

以共同意思说作为基础发展起来的主观说起先表达了这样的观点,即如果数个行为人之间具有意思联络,则不论导致的是一个还是多个损害后果,各行为人都要负连带责任,也被称为共同故意说。另一种观点认为,不仅是数个加害人共同故意造成损害当然构成共同侵权行为，而且数个加害人共同过失造成损害也构成共同侵权行为，这就是共同过错说。此处的共同过失指的是行为人应当预见到其行为所造成的损害后果，却因为疏忽大意或过于自信而导致了损害的发生。[1]共同故意说要求行为人必须具有共同的意思联络，这样一来会导致受害人承担过重的举证责任，而完全不要求意思上的联络又对受害人的利益过于偏袒，因此，共同侵权行为的本质之争应采用共同过错说的立场，其产生的连带责任效果也是基于侵权行为人之间具备共同过错而产生的。

以共同行为说作为基础发展起来的客观说则并不以侵权行为人之间存在共同过错为必要条件，只要数个行为人的共同行为在客观上造成了同一损害后果即可成立共同侵权行为。主张客观说的多数学者实际上将判断标准限定于两方面，一是各行为人之间是否具有关联共同性，二是所造成的损害后果是否属于"同一损害"。进一步讲，客观说并不考虑各行为人主观上是否存在意思联络，而重视的是损害的同一性以及损害与行为之间的因果关系，此种观点恰恰与主观说的立场相反。客观说抛弃了共同意思要件，其意义在于将连带责任扩展到现代社会中大量出现的非故意侵权案件类型之中，以适应加强对受害人保护的立法政策，[2]在价值取向上更符合侵权法的制度使命。

折衷说围绕各加害人之间的行为是否具有共同性，同时从主观角度和客观角度判断共同侵权行为是否成立。该学说主张基于侵权法平衡社会利益的功能，共同侵权行为的构成要件既要考虑到侵权行为人的主观方面，也要考虑到侵权行为之间的客观方面。从主观方面来

---

[1] 参见王利明：《侵权行为法研究》（上卷），中国人民大学出版社2004年版，第704页。
[2] 参见王卫国：《过错责任原则：第三次勃兴》，中国法制出版社2000年版，第272页。

讲，数个行为人都存在过错，或为共同故意，或为共同过失。从客观方面来讲，数个侵权行为之间具有关联性，从而构成一个整体行为，每个侵权行为都是造成损害后果的原因。[①]因此，共同侵权行为类型应包括三种，第一种是数个侵权行为人之间存在共同故意的情形，第二种是数个侵权行为人之间存在共同过失的情形，第三种是虽无共同故意或共同过失，但侵害了同一受害人的民事权益，或造成了同一损害后果的情形。

(二) 通说的形成——共同过错说

关于共同侵权行为的本质论争，综合此时期发表的相关研究成果可知，位于通说地位的是主观说中的共同过错说，即二人以上共同实施侵权行为造成他人损害，若各行为人之间存在主观上的共同故意或共同过失，则成立共同侵权行为，各侵权行为人应负连带责任。例如新中国成立以来，早期的民法教科书《民法原理》即提出了这种学说。[②]共同过错说后来被众多学者所接受，成为我国民法学界关于共同侵权行为本质论的主流学说，并在司法实践中得到广泛应用。

为何此时期的共同过错说会成为通说？究其原因主要有以下几点：第一，因共同侵权行为最本质的要件是主观上的意思联络，尤其是在行为人具有共同故意的场合，意思上的联络会将各侵权人的行为结合成一个整体，基于此承担连带责任。然而，若将共同侵权行为的成立仅限定在共同故意的场合，必然会导致连带责任的适用

[①] 参见张新宝：《侵权责任法原理》，中国人民大学出版社2005年版，第81页。
[②] 参见佟柔：《民法原理》，法律出版社1982年版，第227页。王利明：《我国侵权责任法的体系构造——以救济法为中心》，载《中国法学》2008年第4期，第9页。

范围受限，从而无端增加了受害人寻求救济的难度。因此，在保留共同故意的前提下，将主观因素扩大至具有共同过失，使共同侵权的成立标准更加合理化。第二，若完全采用客观说的立场，不考虑加害人之间的主观因素，其直接后果会导致共同侵权行为适用范围的无限扩大，不仅违反了侵权法最基本的自己责任原则，还会导致当事人动辄承担连带责任，如此并不妥当。第三，共同过错说的见解实际上也符合当时我国所处的社会环境。自改革开放以来，虽然国内市场经济逐渐走上正轨，但是毕竟经济发展水平有限，社会关系也比较单纯，共同过错说足以应对当时的社会状况，因此其通说地位的取得也就不言而喻了。

（三）《人身损害赔偿解释》立场的变化及其存在的问题

如前所述，在《民法通则》及其一系列司法解释施行之初，关于共同侵权行为的本质虽然无明确规定，但无论学界还是实务界大多采用了主观说的立场。然而，自《人身损害赔偿解释》公布之后，关于共同侵权行为的阐释直接改变了之前的通说见解，在保留采用主观说观点的基础上，一定程度还采用了客观说的标准，形成主客观并用的折衷说。对此，该司法解释的起草人曾指出，采用客观说的直接后果是令连带责任的适用范围无限制扩大，将受害人求偿不能的风险转移至加害人一方，却没有考虑到加害人本身物质和精神方面的具体状况。相比于客观说，采用折衷说将更为合理。[①] 具体来讲，《人身损害赔偿解释》第3条第1款将共同侵权行为划分为共同过错的侵权行

---

① 参见陈现杰：《最高人民法院〈关于审理人身损害赔偿案件适用法律若干问题的解释〉的理解与适用》，载《人身损害赔偿指导案例与审判依据》，法律出版社2009年版，第212页。

为、直接结合的侵权行为，以及间接结合的侵权行为三种类型，可谓过度扩张了共同侵权行为的适用范围。这种变化直接导致了《人身损害赔偿解释》把无意思联络的数人侵权行为中的一部分内容并入到了共同侵权行为的概念范畴之内，而数个侵权行为的结合方式也被表述为"直接结合"与"间接结合"，前者可以构成共同侵权行为，侵权人承担连带责任；后者属于一般侵权行为，采用按份责任规则承担责任。至此，通过《人身损害赔偿解释》相关规范的设立而初步描绘出了我国多数人侵权类型体系的轮廓。

虽然《人身损害赔偿解释》同之前的《民法通则》相比，在多数人侵权的类型和规范内容上均有了明显的进步，但同时也出现了若干新的问题。第一，究竟怎样判断"直接结合"与"间接结合"？对此，该司法解释的起草人曾做出解释："直接结合属于行为竞合，间接结合属于原因竞合。关于直接结合强调的是多数加害人均直接实施了加害行为，具加害行为有时空一致性。这种加害行为相互结合成为损害的唯一原因，导致了同一损害。"[1] 第二，判断"直接结合"与"间接结合"，不仅需要分析各个行为结合的程度，还要考虑各侵权行为对损害后果的原因力。在司法实务中，这种作业对法官来说是非常困难的，其后果易导致法官自由裁量权的无限制扩大。第三，根据《人身损害赔偿解释》对多数人侵权的类型化区分，将无意思联络的数人侵权行为一分为二，分别放置于不同的场合，并将其中一部分并入共同侵权行为的概念范畴，极易引发理论研究层面的混乱。原本司法解释的功能就在于将抽象的法律规定具体化，便于大众理解，但上述问题恰恰导致又出现了更为抽象的概念，如此是否有悖于制定司法解释的初衷？

---

[1] 参见程啸：《侵权责任法》（第3版），法律出版社2021年版，第371页。

二、共同危险行为存在的意义

共同危险行为是指，数个侵权行为人实施了危及他人人身、财产安全的行为，侵害了他人的合法权益，但对于所造成的损害又无法查明究竟是何人所为，则将数个行为人视为侵权行为人。例如几名儿童从楼顶往下扔石头导致楼下有人被砸伤，仓库工作人员值夜班期间聚众打扑克吸烟引发火灾，某人酒后醉卧公路被不明车辆碾轧致死，其间有若干车辆经过此范围等，诸如此类都是关于共同危险行为的典型事例。法律之所以设置共同危险行为制度，其主要目的在于解除受害人因缺乏证据而无法证明因果关系的困境，同时也有利于督促查明案件真相以确定具体的加害人，避免与损害发生无关的行为人承担责任。在无法查明具体加害人的情形下，基于因果关系的推定规则，令全体行为人承担连带责任，以实现对受害人的及时救济。

（一）共同危险行为的构成要件

作为共同危险行为的基本构成要件，第一须二人以上实施了危及他人民事权益的行为，第二是其中一人或数人的行为造成了他人损害，第三是无法确定具体的侵权行为人。在此基础上可将上述要件归类为主观要件和客观要件。关于主观要件，问题集中在行为人之间是否需要具备共同过失。关于客观要件，问题集中在数个行为人实施的危险行为是否具备时空一致性。

首先，在共同危险行为中，各行为人之间是否应具备共同过失，历来存在两种不同的观点。主张共同危险行为的成立在主观要件方面需要具备共同过失的学者，从共同危险行为与共同侵权行为的区分角度出发，认为两者的主观要件是完全不同的，对于数个行为人共同造成危险状态而言，行为人存在过失，但这种过失与共同侵权行为中对于损害结果的发生具有过错（故意或过失）相比是不同的。前者因没有损害事实的发生，在民法上不产生任何具有否定性的效果，而后者的过错才真正具有可归责性。[1]共同危险行为人的主观过错只能表现为共同过失的形式，即共同的疏于注意义务。当行为人共同实施具有危险性的行为时，应当注意避免致他人损害，但由于疏忽大意或过于自信而造成了损害后果。行为人实施危险性行为本身就证明其具有疏于注意义务的共同过失。[2]

另有学者提出共同危险行为不需要具备主观要件，讨论共同危险行为人的共同过失毫无意义，只要明确行为人之间没有意思联络即可。因为共同危险行为本从属于共同侵权行为，只有不构成共同侵权行为才能考虑是否适用共同危险行为，而将共同侵权行为与共同危险行为区别开来的要件就是意思联络。从比较法研究的视角看，共同危险行为不仅适用于过错责任，还适用于过错推定责任和无过错责任，倘若以主观过错的存在为前提，无疑将限制共同危险行为的适用范围。[3]

其次，在共同危险行为中，数个侵权行为人实施的危险行为是否应具备时空一致性？对于这个问题我国学界有两类不同的观点。其中行为共同说认为，由于共同危险行为使得行为人负连带赔偿责任，但连带责任不应泛化，基于限制共同危险行为范围的需要，应当以行为

---

[1] 参见曹险峰：《数人侵权的体系构成》，载《法学研究》2011年第5期。
[2] 参见杨立新：《多数人侵权行为与责任》，法律出版社2017年版，第95页。
[3] 参见程啸：《论共同危险行为的构成要件——以〈侵权责任法〉第10条为中心》，载《法律科学》2010年第2期，第127页。

人的行为具有时间、场所的同一性为必要。[1]与此同时，在司法实践中出现了放松对共同危险行为进行限制的趋势，即不再严格要求具有"时空一致性"，只要数个共同危险行为存在时间上或场所上的关联性即可。[2]这主要是考虑到"时空一致性"在具体案例中难以界定，而且不利于对受害人的保护，有违共同危险行为的设立宗旨。

另一加害人不明说主张，共同危险行为的规范目的在于减轻因果关系不明时受害人的证明困难，属于对事实因果关系的推定，不应以在时间上或场所上具备关联性为必要，只要各行为人实施的危险行为与损害结果之间存在"择一的因果关系"，共同危险行为即为成立。[3]此时，关于"共同的行为"的认定，可以根据是否具有导致损害后果的潜在危险性，是否有将这种潜在的危险性转化为现实损害的可能性等标准来进行判断。例如甲殴打了丙，第二天乙也殴打了丙，经医生诊断丙有轻微脑震荡，但究竟是谁的殴打行为所致并不明确。如果采用行为共同说的观点，因本案中的侵权行为并不存在时间上或场所上的关联性，所以不能认定共同危险行为的成立。然而，如果采用加害人不明说的观点，由于甲和乙的殴打行为与丙的损害后果之间具有择一的因果关系，则可成立共同危险行为。由此看来，加害人不明说相比行为共同说，在对共同危险行为成立要件的限制方面采取了较为缓和的态度。

（二）共同危险行为的免责事由

关于共同危险行为的免责问题，争议比较大的是侵权行为人能否

---

[1] 参见王利明：《侵权行为法研究》（上卷），中国人民大学出版社2004年版，第704页。
[2] 参见刘宝玉、王仕印：《共同危险行为争议问题探讨》，载《法学》2007年第2期，第76页。
[3] 参见高圣平主编：《中华人民共和国侵权责任法立法争点、立法例及经典案例》，北京大学出版社2010年版，第148页。

通过证明自己不是真正的加害人，或者自身的行为与损害后果之间不存在因果关系而免除责任的承担，由此形成了两种对立的观点。一种是因果关系确证说，即行为人只有在证明谁是具体造成损害的侵权行为人的情况下才能获得免责。另一种是因果关系排除说，即只要行为人能证明自己没有实施加害行为的可能性，或者证明自己的行为与损害后果之间不存在因果关系，就可以获得免责。

之所以形成以上对立的观点，原因在于其考虑问题的出发点不同。因果关系确证说注重的是对受害人的全面救济。通常行为人基于共同实施危险行为，相比于受害人更容易证明谁是真正的加害人，如果允许行为人通过证明自己不可能是加害人而免责，有可能导致法官的自由裁量权无限制扩大，还容易导致行为人获得全部免责的结果，行为人轻易地逃脱责任，令受害人陷入无法得到救济的困境。

然而因果关系排除说则是从共同危险行为制度的规范目的出发，认为原本在共同危险行为中，因侵权行为与损害后果之间存在的是可能的因果关系，那么在加害人不明的情况下，无疑增加了受害人在因果关系证明上的困难程度，为了缓和受害人的举证困难，法律规定此时可推定因果关系的存在，令全部行为人承担连带赔偿责任。既然共同危险行为制度将不应承担责任的行为人视作侵权行为人，就应当给予这部分人免除责任的机会，即便无法找出真正的加害人，该行为人也应被排除在责任人的范围之外而获得免责。

三、无意思联络的数人侵权行为的基本结构

（一）无意思联络的数人侵权行为的概念

无意思联络的数人侵权行为指的是，数个侵权行为人之间既不存

在共同故意，也不存在共同过失，而是各侵权行为偶然结合导致同一损害后果的情形。无意思联络的数人侵权行为又被称为原因竞合的侵权行为，其与共同侵权行为是两个完全不同的概念，两者存在明显的区别。

首先，在主观要件方面，共同侵权行为的成立以行为人之间存在共同过错为条件，通常被理解为具有共同故意或共同过失，也就是意思上的联络。无意思联络的数人侵权行为人之间则不以意思联络的存在为必要，数个侵权行为各自独立。其次，在法律效果方面，共同侵权行为人承担的是连带责任，无意思联络的数人侵权行为人对损害承担的是按份责任。最后，关于最终责任的分担方式，在共同侵权行为的情形中，连带责任的承担应区分外部责任和内部责任，每个侵权行为人应先对损害后果负全部赔偿责任，再进行内部的责任分配，且对超出自己责任份额的部分享有追偿权。被侵权人有权向侵权行为人中的任何一人或数人请求承担全部赔偿义务。在无意思联络的数人侵权行为的情形中，侵权行为人要根据各自的比例承担按份责任，且每个行为人只对自己应当承担的份额负清偿义务即可，不存在任何追偿问题。被侵权人以侵权行为人各自应当承担的份额为限，分别向全部行为人请求损害赔偿，不能主张超出其份额部分的损害赔偿。

（二）按份责任份额的确定规则

无意思联络的数人侵权行为的责任承担以按份责任为原则。所谓按份责任，是指责任人要按照一定的比例承担责任份额。

通说认为，侵权行为人承担按份责任的具体份额由两个因素决定，一是过错，二是原因力。

首先，过错是确定损害赔偿责任的基本法理依据。对造成的同一损害后果，应当斟酌多数行为人的过错大小，按照比例确定各行为人的损害赔偿债务份额。其次的考虑因素是原因力。原因力，是指违法行为或其他因素对于损害结果的发生或扩大所发挥的作用力。损害的发生，须加害人对于被害的客体发生原因力，通过斟酌原因力的比例，并结合各侵权行为人的主观过错比例，确定各自应承担的损害赔偿数额。原因力规则对于解决无意思联络的数人侵权行为责任承担问题发挥着重要作用。

在我国侵权法的理论和实务中，多数人侵权行为经常会呈现出一因多果、多因一果、多因多果的因果关系形态，对于多数人侵权责任具体份额的划分，一般采用的是比较过错和比较原因力的方法。对于受害人损害的影响因素而言，原因力的判断标准比较抽象，而过错的判断标准则相对较为具体，在司法实践中，对过错因素的采用概率要大于原因力因素。因此，在我国较为普遍的做法是以过错程度比较为主，原因力比较为辅。在过错责任中更多地根据过错程度来决定责任范围，在过错推定或无过错责任中，因无法进行过错比较，主要采用原因力的比较方法。

具体操作方面，通过比较各责任主体的过错大小来确定责任份额时，依据过错程度的大小确定责任份额的多少。例如故意实施侵权行为承担的赔偿份额应比过失实施侵权行为承担的赔偿份额要大。通过比较各责任主体的原因力大小来确定责任份额时，依据加害行为对损害后果所起的作用程度确定责任份额的多少。在无法判断侵权行为人的过错大小，以及原因力不明的情形中，可推定各行为人过错程度相等，或者各加害行为对损害后果的发生具有相同的原因力，最终由行为人平均承担赔偿责任。

虽然以过错程度比较为主，原因力比较为辅的做法对于解决适用过错责任原则的侵权行为类型有其合理性，但考虑到现代侵权行为的复杂性，此种做法不能绝对涵盖所有的过错责任侵权行为类型，而是应根据实际情况适当选择适用过错还是原因力规则。

第二章 民法典时代的多数人侵权行为与责任

第一节 《侵权责任法》立法阶段关于多数人侵权制度的探讨

一、《侵权责任法》的立法背景

自20世纪末开始,世界各国纷纷掀起民法典修改完善的潮流。1998年3月以王家福教授为中心成立民法起草小组,开始了我国历史上的第四次民法典编纂。[①]根据计划,将依次制定《合同法》、《物权法》、《侵权责任法》、《人格权法》以及涉外民事关系法律适用法等,之后完成民法典,最终建立完整的社会主义民事法律体系。《侵权责任法》的立法工作即是在此计划背景下开始的。

对我国侵权责任法开展广泛的立法讨论始于2006年。学术会议

---

① 我国至今共经历了20世纪50年代(1954—1956年)、60年代(1962—1964年)、80年代(1980—1982年)、90年代(1998—2010年)、21世纪初(2014—2020年)五次民法典起草工作。其中,第四阶段的民法典编纂活动自1986年《民法通则》开始,到1999年《合同法》,2007年《物权法》,2009年《侵权责任法》的相继制定,民法典的基本内容已经完备,本打算接下来将内容统合分编,制定一部完整的民法典,但同前三次一样,受限于政治、经济、社会环境等条件而未成功。参见[日]内田贵、大村敦志编:《民法的争点》,有斐阁2007年版,第37页。

方面，同年7月29日召开的中国法学会民法学研究会，以及同年10月31日中国社会科学院主办的学术讨论会均是关于侵权责任法的立法议题。同时期向社会公布全国人大常委会法制工作委员会、中国社会科学院法学研究所课题组、中国人民大学民商法律科学研究中心为代表的3份立法草案。此后，全国人大常委会法制工作委员会在《中华人民共和国民法意见募集稿》第8编的基础上，大幅度修改了《民法（草案）》（相当于侵权责任法第一次审议稿）关于侵权法的内容，并综合社会各界专家学者的修正意见，于2008年12月22日的第11届全国人民代表大会常务委员会第6次会议上正式提出了《侵权责任法（草案）》第二次审议稿。自2008年起，民法起草小组围绕侵权责任法草案在全国各地陆续召开多次座谈会听取法官、律师、学者的意见。此后又经历了第三次、第四次审议稿的修订，于2009年12月形成了侵权责任法的最终草案。以下，将在社会上公布的3份学者建议稿和4份人大审议稿通过列表的方式对比多数人侵权制度在具体内容上的变化，并对其中具有代表性的争议问题进行探讨。[①]

二、立法草案及立法争点

（一）学者建议稿

三份学者建议稿分别是以中国社会科学院法学研究所梁慧星教授为主提出的《中国民法典草案建议稿》、以中国人民大学王利明教授

[①] 参见［日］加藤雅信、森胁章：《中国不法行为法（侵权责任法）的制定与中国民法的动向》，载《法律时报》2010年第82卷第2号，第57页。

为主提出的《中国民法典学者建议稿》、中国人民大学杨立新教授提出的《侵权责任法（草案）》。通过与《侵权责任法》多数人侵权法律规范相对应的形式，将三份学者建议稿进行对比分析，其各项具体内容见表1。①

表1 三份学者建议稿条文对比

侵权责任法	梁慧星建议稿	王利明建议稿	杨立新建议稿
第8条	第1551条（1）二人或者二人以上共同实施加害行为造成他人损害的，由共同侵权行为人承担连带责任。	第1842条（1）因共同过错致人损害的，为共同侵权行为，共同加害人应承担连带责任。 （2）二人以上共同故意致人损害的，仅须受害人证明损害系其中之一所致即应当承担连带责任。	第6条（1）数人故意共同实施加害行为，造成他人损害的，共同加害人应当承担连带责任。 （2）数人虽然没有共同故意，但其行为造成同一损害后果，具有共同因果关系，且其损害结果无法分割的，视为共同侵权行为，共同加害人亦应承担连带责任。

---

① 关于三份学者建议稿内容，参见梁慧星：《中国民法典草案建议稿附理由（侵权行为编 继承编）》，法律出版社2004年版。高圣平主编：《中华人民共和国侵权责任法立法争点、立法例及经典案例》，北京大学出版社2010年版。

续表

侵权责任法	梁慧星建议稿	王利明建议稿	杨立新建议稿
第9条	第1552条（1）教唆、帮助他人实施侵权行为的，教唆者、帮助者视为共同侵权行为人。 （2）教唆、帮助限制民事行为能力人实施侵权行为的，由教唆者或帮助者承担主要民事责任。但教唆者、帮助者无资力承担主要责任的除外。 （3）教唆者和被教唆者均为限制民事行为能力人的，由教唆者和被教唆者承担连带责任。帮助者和被帮助者均为限制民事行为能力人的，由帮助者和被帮助者承担连带民事责任。 （4）教唆、帮助无民事行为能力人实施侵权行为的，由教唆者、帮助者承担全部民事责任。但教唆者、帮助者与被教唆者、被帮助者均为无民事行为能力人的，由教唆者或帮助者的监护人与被教唆者或被帮助者的监护人承担连带责任。	第1843条 教唆、帮助他人实施侵权行为的人，视为共同侵权行为人，应当承担连带责任。 第1844条（1）教唆限制民事行为能力人实施侵权行为的人，为共同侵权人，应当承担主要责任，与限制民事行为能力人的法定代理人连带承担。教唆无民事行为能力人实施侵权行为的人，为侵权人，应当承担侵权责任。 （2）帮助限制民事行为能力人或无民事行为能力人实施侵权行为的人，应当根据帮助行为人的过错以及原因力，确定其应当承担的责任，并与限制民事行为能力人或无民事行为能力人的法定代理人连带承担。	第7条（1）教唆、帮助他人实施侵权行为的人，为共同加害人，应当承担连带责任。 （2）教唆无民事行为能力人实施侵权行为的人，为侵权人，应当承担侵权责任。教唆限制民事行为能力人实施侵权行为的人，为共同加害人，应当承担连带责任，并应负主要责任。 （3）帮助无民事行为能力人或限制民事行为能力人实施侵权行为的人，为共同加害人，应当承担连带责任，并应根据其过错及行为的原因力确定相应的责任。

续表

侵权责任法	梁慧星建议稿	王利明建议稿	杨立新建议稿
第10条	第1551条（2）二人或者二人以上共同实施危险行为而不能查明谁的行为造成损害的，由共同危险行为人承担连带责任。	1845条（1）二人以上共同实施危险行为致人损害，不能确定具体加害人的，行为人承担连带责任。（2）行为人能够证明具体加害人的，由具体加害人承担侵权责任。	第8条（1）数人共同实施危及他人人身、财产的行为并造成损害，不能确定实际加害人的，应当承担连带责任。（2）共同危险行为人能够证明实际加害人的，由实际加害人承担侵权责任。共同危险行为人能够证明损害不是由自己的行为造成的，不承担赔偿责任。
第11条	无	无	无
第12条	第1550条 在原因竞合且不构成共同侵权行为的情形，由各责任人按照原因力的大小承担民事责任。	第1846条 二人以上虽然无共同过错，但是分别导致他人同一损害的，应当根据各自过错以及原因力大小分别承担相应的侵权责任。不能确定责任比例的，推定责任范围均等。	第10条 数人分别实施的行为造成同一损害，其损害结果是可分的，应当依据行为人各自行为的原因力和过错程度，确定各自承担的责任。不能确定数个行为人各自应当承担的责任的，推定各自承担相等的责任。

根据梁慧星教授建议稿第1550—1552条规定，多数人侵权行为可划分为四种类型，即共同侵权行为、共同危险行为、教唆或帮助的共同侵权行为以及原因竞合的侵权行为。[①]相比其他两部专家草案，该建议稿在内容安排上呈现出以下特点：首先，第1551条是关于共同侵权行为与共同危险行为的规定，从形式上可以看出该条沿用了大陆法系民法典传统的规定模式，将共同侵权行为和共同危险行为放在一个条文之中。根据起草者的解释，原本《民法通则》中并未有共同危险行为的规定，这可以说是立法的缺陷之一，然而参考多国民法典体例，都有关于共同危险行为的单独规定，如果没有，也至少明确了可以准用共同侵权行为的规则，因此以民法基础理论和外国立法例作为参考，宜对共同危险行为作出规定。其次，就共同侵权行为之"共同性"构成要件，起草者采取了客观说的立场，认为不宜要求加害人之间具备意思联络，只要求侵权行为之间具有关联性或损害结果具有同一性即可。[②]最后，该建议稿将无意思联络的数人侵权行为类型称为"原因竞合的侵权行为"，区别于共同侵权行为，其责任承担方式根据原因力大小来决定各加害人的按份责任。[③]

王利明教授建议稿中的多数人侵权行为区分为四种类型，即共同侵权行为、教唆或帮助的共同侵权行为、共同危险行为以及无意思联络的数人侵权行为。具体规定的特征有三：一是根据第1842条的

[①] 参见中国民法典立法研究课题组：《中国民法典侵权行为编草案建议稿》，载《法学研究》2002年第2期，第135页。

[②] 参见梁慧星：《中国民法典草案建议稿附理由（侵权行为编 继承编）》，法律出版社2004年版，第16页。

[③] 参见梁慧星：《中国民法典草案建议稿附理由（侵权行为编 继承编）》，法律出版社2004年版，第15页。

规定，将共同侵权行为的本质构成要件"共同性"明确为"共同过错"，这也是王利明教授一贯采取的主观说立场。二是关于共同危险行为的要件，根据第1845条规定，采取了行为共同说，要求各行为人在实施危险行为时，应具备时间和场所上的同一性。关于共同危险行为的免责事由，表明行为人能够证明具体加害人的，由具体加害人承担责任。由此可知，王利明教授总体上对共同危险行为采取了较为严格的立场，不仅认为各行为人实施的危险行为应具备同时性和同种性，而且必须证明谁是真正的加害人才能免责，如此标准对于共同危险行为人来说是否过于严厉？这也是本条受到相关学者质疑的原因之一。三是将无意思联络的数人侵权行为明确加入多数人侵权行为体系中，且规定其责任如何承担是根据各加害人的过错程度以及原因力来判断。

杨立新教授建议稿关于多数人侵权行为的划分更为细致，分别是共同侵权行为、教唆或帮助型共同侵权行为、共同危险行为、无过错的共同加害行为。其中将共同侵权行为又进一步划分成两种类型，一种是基于共同故意或共同过失致他人损害型，另一种是虽无共同故意或共同过失，但其加害行为结合造成了同一损害型。起草者在批判《人身损害赔偿解释》第3条将具体的法律规定抽象为行为的"直接结合"与"间接结合"这种表达方式的同时，主张共同侵权行为应不仅包括主观的关联共同型，还包括客观的关联共同型，如此可以避免理论上的争议，确保司法实践中法律适用的同一性。关于共同危险行为，起草者认为如果能证明具体的加害人，则由其承担责任，如果共同危险行为人能够证明损害后果并非自己的行为所导致，亦可不承担赔偿责任，同时采用了免责事由中的肯定说与否定说的部分观点。

（二）人大审议稿

表2　四份《侵权责任法》立法审议稿的条文对比

侵权责任法	第一次审议稿	第二次审议稿	第三次审议稿	第四次审议稿
第8条	第3条　二人以上共同侵权造成他人损害的，应当承担连带责任。	第9条　二人以上共同实施侵权行为，造成他人损害的，应当承担连带责任。	第8条　同第二次建议稿第9条。	第8条　同第三次建议稿第8条。
第9条	第66条（1）教唆他人实施侵权行为的人，为共同侵权人，应当承担连带责任。（2）教唆限制民事行为能力人实施侵权行为的人，为共同侵权人，应当承担主要责任，与限制民事行为能力人的监护人承担连带责任。（3）教唆无民事行为能力人实施侵权行为的人，为侵权人，应当承担侵权责任。	第10条（1）教唆、帮助他人实施侵权行为的，应当承担连带责任。（2）教唆无民事行为能力人实施侵权行为的，承担全部责任。教唆限制民事行为能力人实施侵权行为的，承担主要责任。（3）帮助无民事行为能力人、限制民事行为能力人实施侵权行为的，承担相应的责任。	第9条（1）教唆、帮助他人实施侵权行为的，应当与行为人承担连带责任。（2）教唆、帮助无民事行为能力人、限制民事行为能力人实施侵权行为的，应当承担侵权责任；该无民事行为能力人、限制民事行为能力人的监护人未尽到监护责任的，应当承担相应的责任。	第9条　同第三次建议稿第9条。

续表

侵权责任法	第一次审议稿	第二次审议稿	第三次审议稿	第四次审议稿
第10条	第67条 二人以上同时实施同一种类的危险行为，其中一人或者数人的行为造成他人损害，行为人能够证明具体侵权人的，由该侵权人承担侵权责任；行为人不能证明具体侵权人的，行为人承担连带责任。	第11条 二人以上实施危及他人人身、财产安全的行为，其中一人或者数人的行为造成他人损害，不能确定具体加害人的，行为人承担连带责任；能够确定具体加害人的，由加害人承担侵权责任。	第10条 二人以上实施危及他人人身、财产安全的行为，其中一人或者数人的行为造成他人损害，能够确定具体加害人的，由加害人承担侵权责任；不能确定具体加害人的，行为人承担连带责任。	第10条 二人以上实施危及他人人身、财产安全的行为，其中一人或者数人的行为造成他人损害，能够确定具体侵权人的，由侵权人承担责任；不能确定具体侵权人的，行为人承担连带责任。
第11条	无	第12条 二人以上分别实施侵权行为造成同一损害，每个人的侵权行为都足以造成全部损害的，行为人承担连带责任。	第11条 同第二次建议稿第12条。	第11条 同第三次建议稿第11条。

续表

侵权责任法	第一次审议稿	第二次审议稿	第三次审议稿	第四次审议稿
第12条	第68条 二人以上因分别行为造成同一损害，能够确定责任大小的，应当各自承担相应的侵权责任；不能确定责任大小的，应当平均承担侵权责任。	第13条 二人以上分别实施侵权行为造成同一损害，能够确定责任大小的，各自承担相应的责任；难以确定责任大小的，平均承担赔偿责任。	第12条 同第二次建议稿第13条。	第12条 同第三次建议稿第12条。

第一次审议稿①是在广泛参考世界各国立法模式体例的基础上设计而来的，从关于多数人侵权行为的规范内容来看，存在两方面问题：一方面是第1章第3条沿用了《民法通则》第130条共同侵权行为的规定，按照一般的编纂体系，其后会紧接共同危险行为或教唆帮助型共同侵权行为的规定，然而该审议稿却将以上类型规定在了最后的第10章"有关侵权责任主体的特殊规定"之中，不仅造成制度衔接上的断层，而且不符合客观的法则安排形式。另一方面是关于共同危险行为的成立要件，审议稿要求同时期或同种类的危险行为这点未免太过于严苛，另外关于免责事由，采取了行为人只有在

---

① 2002年12月，由民法起草小组起草完成的《中华人民共和国民法（草案）》正式提交第九届全国人民代表大会常务委员会第31次会议审议，此部审议案内容包括总则编、物权编、合同法编、人格权法编、婚姻法编、收养法编、继承法编、侵权责任法编以及涉外民事关系法律适用法编共计九编1209条。

证明谁是具体加害人的情况下才能免责的立场，如此有侵害共同行为人基本权益之嫌。

自第一次审议稿公布后又经过了六年，即2008年，侵权责任法的立法活动才再次登上历史舞台。对比第一次审议稿，第二次审议稿到第四次审议稿关于多数人侵权行为的规定做了大幅度的调整变更，由此奠定了侵权责任法多数人侵权法律规范体系的雏形。[①]具体做出了如下明显的修正：第一，变更了共同危险行为的表达方式。第一次审议稿第67条规定"二人以上同时实施同一种类的危险行为"，要求危险行为在时间上具备同一性，与此相对，第2次审议稿之后的规定则变为"二人以上实施危及他人人身、财产安全的行为"，并未要求危险行为的共同性。第二，新设了多数人分别侵权造成同一损害后果的规定。无论是第一次审议稿，还是如前所述的专家建议稿，都没有规定此种类型的多数人侵权行为，因此，此次审议稿在一定程度上扩大了侵权行为人承担连带责任的范围，并对多数人侵权行为的类型体系进行了重新整合。

（三）立法中的争点

人大审议稿关于多数人侵权行为的规定可以说反映了我国多年积累的理论研究成果，在与外国法进行比较研究的基础上，争议点主要集中于以下几个方面：

首先，关于共同侵权行为，如前所述，起草者对我国共同侵权行

[①] 关于第二、三、四次审议稿内容，参见高圣平主编：《中华人民共和国侵权责任法立法争点、立法例及经典案例》，北京大学出版社2010年版。

为本质要件的解释采用了主观说,特别是共同过错说的立场。[1]但是也有学者认为,出于救济受害人的需要,应该考虑没有主观上的意思联络,却在客观上存在关联共同性,且损害后果具有同一性的情况下,共同侵权行为成立的可行性。因此,诸如各审议稿对于共同侵权行为规定是否过于简单的质疑不在少数,并且认为将共同侵权行为核心构成要件"共同性"进一步划分为主观关联共同性与客观关联共同性两种类型会更为合理。[2]

其次,关于共同危险行为中规范的设置主要有两点争论。第一点,关于对"共同"要件的界定。在审议稿的起草过程中,曾有学者提到,共同危险行为人之间存在共同过错是追究其连带责任的根据,因此在法条设计时要有"共同"一词的表达。然而,共同危险行为中的"共同"与共同侵权行为中的"共同"意义显然完全不同。所谓共同危险行为中的"共同"具体指的是各行为人在相同的时间或相同的场所实施了危险性行为,而共同侵权行为中的"共同"则是围绕关联共同性要件所做的讨论。如此采取同样的表达方式,其表达的意义却不同,有违法典的严密性。因此,将"共同"这一表达方式写入正式法条的意见并未被采用。第二点,关于免责事由的规定。在起草过程中存在两种不同的意见,一种是肯定说,认为既然共同危险行为制度的设立初衷是保护受害人的权益,那么应该给并不是真正加害人的这部分人以免除责任的机会,通过证明自己不是加害人而免责。另一种是否定说,认为行为人更容易证明真正的加害人是谁,如果允许行为

---

[1] 参见最高人民法院侵权责任法研究小组编著:《中华人民共和国侵权责任法条文理解与适用》,人民法院出版社2010年版,第66页。

[2] 参见全国人大常委会法制工作委员会民法室编:《侵权责任法立法背景与观点全集》,法律出版社2010年版,第112页。

人通过证明自己不是加害人而免责，那么会降低受害人获得救济的概率。然而最终《侵权责任法》还是采取了否定说的观点，不能确定具体侵权人的，由行为人承担连带责任。另外，在审议稿中出现了"具体加害人"的表述，但在此后的正式法条中却变更为"具体侵权人"的表达方式，从如此变化来看，立法者应该认为真正的加害人才称得上是侵权人，那么共同危险行为作为一种因果关系推定的规则，共同危险行为人并不能称为真正的加害人。只有证明了真正的加害人是谁才能免除责任的承担。

最后，关于无意思联络的数人侵权行为。综观世界范围内的大多数成文法典，其中并没有明确规定多数人侵权责任分担的标准。根据我国以往的学说及司法实践，关于责任的分担问题，既有平均分担的主张，又有根据过错程度分担责任的主张，但始终未有定论。对此，后三次审议稿将第一次审议稿中的"原因竞合的侵权行为"做出了进一步划分，起草者采用了累积因果关系型侵权行为和部分因果关系型侵权行为的成立标准，以公平负担为原则，分别适用连带责任与按份责任的规则。在审议过程中，曾有学者提出，关于无意思联络的数人侵权行为的具体类型可以直接沿用《侵权责任法》第6条、第7条之规定，没有必要特别制定第11条、第12条。对此有相反意见提出，将多数人侵权的各类型明确规定于《侵权责任法》，不仅有利于多数人侵权理论体系的确立，而且能为司法实务中具体案件的处理提供最直接的依据。①

---

① 参见全国人大常委会法制工作委员会民法室编：《中华人民共和国侵权责任法条文说明、立法理由及相关规定》，北京大学出版社2010年版，第46页。高圣平主编：《中华人民共和国侵权责任法立法争点、立法例及经典案例》，北京大学出版社2010年版，第157页。

三、多数人侵权规范体系的确立

2009年12月26日第11届全国人民代表大会常务委员会第12次会议通过了《侵权责任法》，于2010年7月1日开始正式实施。《侵权责任法》采用的立法体例可以说同时受到了大陆法系和英美法系的影响，这是因为一般大陆法系中对多数人侵权行为的立法模式往往以抽象的条文出现，无法对应日益复杂多样的多数人侵权案例类型，因此，在理论研究领域，通过学说论争对抽象的条文做出多样性解释，从而扩大条文的准用范围，是解决法律规范局限性的有效途径。而英美法系的立法模式则是尽可能详尽的规定侵权行为类型，以分别对应具体的案例。从结构上看，《侵权责任法》分为总则和分则，其中第1章到第3章规定相当于总则部分，第4章到第11章相当于分则部分。这样的体例安排体现了两大法系立法方式的融合，同时，这种编纂方式本身也有着强烈的私权保护的意味，为将来我国民法典侵权责任编的制定提供了初步的设计思路。

在《侵权责任法》中，关于多数人侵权行为集中规定在第2章（责任构成与责任方式）第8—12条，具体类型分别定义为狭义的共同侵权行为、教唆或帮助的共同侵权行为、共同危险行为、无意思联络的数人侵权行为。此规定群是在《民法通则》以及最高人民法院出台的一系列司法解释的基础上将多数人侵权类型做出的进一步划分，并将责任分担进行进一步细化的立法成果。具体规范如下：

《侵权责任法》

第8条（现《民法典》第1168条） 二人以上共同实施侵权行为，造成他人损害的，应当承担连带责任。

第9条（现《民法典》第1169条） 教唆、帮助他人实施侵权行为的，应当与行为人承担连带责任。

教唆、帮助无民事行为能力人、限制民事行为能力人实施侵权行为的，应当承担侵权责任；该无民事行为能力人、限制民事行为能力人的监护人未尽到监护责任的，应当承担相应的责任。

第10条（现《民法典》第1170条） 二人以上实施危及他人人身、财产安全的行为，其中一人或者数人的行为造成他人损害，能够确定具体侵权人的，由侵权人承担责任；不能确定具体侵权人的，行为人承担连带责任。

第11条（现《民法典》第1171条） 二人以上分别实施侵权行为造成同一损害，每个人的侵权行为都足以造成全部损害的，行为人承担连带责任。

第12条（现《民法典》第1172条） 二人以上分别实施侵权行为造成同一损害，能够确定责任大小的，各自承担相应的责任；难以确定责任大小的，平均承担赔偿责任。

除此之外，多数人侵权行为类型在特殊的侵权行为中也有所体现，例如《侵权责任法》第28条（现《民法典》第1175条）第三人原因的侵权责任，第34条（现《民法典》第1191条）用人单位替代责任即劳务派遣责任，第36条（现《民法典》第1197条）网络服务提供者与网络用户的连带责任，第37条（现《民法典》第1198条）违反安全保障义务的侵权责任，第40条（现《民法典》第1201条）第三人在教育机构造成人身损害的侵权责任，第43条（现《民法典》第1203条）生产者、销售者的缺陷产品不真正连带责任，第44条（现《民法典》第1204条）生产者、销售者的第三人侵权责任，第51条（现

《民法典》第1214条）拼装车、报废车交通事故责任，第52条（现《民法典》第1215条）盗抢机动车交通事故责任，第59条（现《民法典》第1223条）医疗产品的不真正连带责任，第67条（现《民法典》第1231条）数人污染环境、破坏生态的侵权责任，第68条（现《民法典》第1233条）第三人污染环境、破坏生态的不真正连带责任，第74条（现《民法典》第1241条）遗失、抛弃高度危险物致害的侵权责任，第75条（现《民法典》第1242条）非法占有高度危险物致害的侵权责任，第83条（现《民法典》第1250条）第三人过错导致饲养动物致害的不真正连带责任，第85条（现《民法典》第1253条）不动产设施及其附属物脱落、坠落致害的侵权责任，第86条（现《民法典》第1252条）不动产设施倒塌、塌陷致害的侵权责任等，可称为多数人侵权的特殊规定，与总则中多数人侵权的一般规定共同构成了我国多数人侵权的规范体系。

表3 《民法典》中的多数人侵权责任类型

责任类型	对应条文规定内容
连带责任	共同加害行为责任（第1168条）；教唆、帮助完全民事行为能力人的侵权责任（第1169条第1款）；共同危险行为责任（第1170条）；累计因果关系的侵权责任（第1171条）；网络服务提供者与网络用户的侵权责任（第1195条第2款、第1197条）；买卖拼装车、报废车交通事故责任（第1214条）；挂靠机动车交通事故责任（第1211条）；盗抢机动车交通事故责任（第1215条）；不动产设施倒塌、塌陷致害的侵权责任（第1252条）；遗失、抛弃高度危险物致害的侵权责任（第1241条）；非法占有高度危险物致害的侵权责任（第1242条）。

续表

责任类型	对应条文规定内容
不真正连带责任	生产者、销售者的产品责任（第1203条）；医疗产品责任（第1223条）；第三人污染环境、破坏生态的侵权责任（第1233条）；第三人过错导致饲养动物致害的侵权责任（第1250条）。
按份责任（相应的责任）	教唆、帮助无民事行为能力人、限制民事行为能力人的侵权责任（第1169条第2款）；部分因果关系的侵权责任（第1172条）；租赁借用机动车交通事故，所有人、管理人有过错而承担的侵权责任（第1209条）；未经允许驾驶他人机动车交通事故，所有人、管理人有过错而承担的侵权责任（第1212条）；数人污染环境、破坏生态的侵权责任（第1231条）；将监护职责委托他人时受托人有过错而承担的侵权责任（第1189条）；劳务派遣单位有过错而承担的侵权责任（第1191条）；定作人对定作、指示或者选任有过错的，应当承担的侵权责任（第1193条）；公路道路管理人不能证明已经尽到清理、防护、警示义务的侵权责任（第1256条）。
补充责任（相应的补充责任）	第三人侵权下的违反安全保障义务的侵权责任（第1198条第2款）；第三人在教育机构造成人身损害的侵权责任（第1201条）；高空抛物中物业服务人违反安全保障义务的侵权责任（第1254条第2款）；自甘风险中组织者的侵权责任（第1176条第2款）。

第二节 《民法典》中多数人侵权的基本形态

关于多数人侵权的法律规范，《民法典》第1168—1172条完全沿袭了《侵权责任法》第8—12条的规定，确立了多数人侵权行为与责任体系，且在司法实践中得到广泛适用。就研究目的而言，多数人侵权行为注重的是对被侵权人进行及时有效的救济，多数人侵权责任注重的是公平科学地进行责任分担。自《民法典》实施后，对多数人侵权的探讨开始逐渐突破以往的限制，不仅在类型上做了更为细致的划分，而且在理论研究上出现了更为丰富的学说论争。关于我国多数人侵权的类型设计，尚存在若干问题，例如共同侵权行为与分别侵权行为的区分标准并不十分明确，共同危险行为人的免责条件尚存在争议，作为分别侵权行为规定的第1172条中所谓的"相应的责任"具体指向不明等。[1]针对此类问题也涌现了一大批学说，形成了丰富的理论研究成果。当前我国发展已进入人工智能时代，新型多数人侵权类型将不断涌现，如何把具体行为形态和责任承担方式有机对应，建立统一的多数人侵权规范体系，充分发挥侵权法的调整功能，保护民事权益，仍有待进一步的研究探讨。

一、共同侵权行为与责任

《民法典》第1168条规定的是共同侵权行为的一般规则，可称为共同加害行为。第1169条规定的是教唆、帮助型侵权行为，可将其视为共同侵权行为。早在《侵权责任法》成立实施之初，立法者将第8条解释为具有意思联络的共同侵权行为，由此可知，关于共同侵权行为的"共同性"要件采取了严格解释的立场，即具有意思关联的主观性共同侵权行为，其判断标准为是否存在共同故意或共同过失，这

---

[1] 参见李中原：《多数人侵权责任分担机制研究》，北京大学出版社2014年版，第115页以下。

种理解与主观说的主张不谋而合。①然而,此后不少学者的立场却发生了变化,认为第1168条规定的共同侵权行为的本质特征应当从主观标准向客观标准适当过渡,将共同侵权行为分为主观的共同侵权行为和客观的共同侵权行为。其依据是,数人共同不法侵害他人权利,对于受害人所受损害应负连带责任,是因为各行为人的侵权行为具备关联共同性。②

根据《民法典》第1168条的规定,如果构成共同侵权行为,数个行为人应对受害人承担连带责任,受害人可以请求任一行为人承担全部赔偿责任。这是出于连带责任本身的存在意义,即在于增加责任主体的数量,加强对受害人请求权的保护,确保受害人获得赔偿。特别是在侵权行为人不具有清偿能力的情况下,连带责任更能体现出救济受害人的功能。如果共同侵权规则的适用范围过于宽泛,会使行为人动辄与他人承担连带责任,先全部赔偿,再向其他行为人追偿,这不仅增加了诉讼成本,而且可能使具有清偿能力的人承担本不应承担的份额,有损公平正义。但如果共同侵权行为的适用范围过于狭窄,又将不利于充分发挥该制度迅速救济受害人的设计初衷,此时受害人需要证明数个行为人的侵权行为在损害后果中所占的份额,平白增加了诉讼难度。③综上,共同侵权行为的构成不仅需要在行为人与受害人之间寻找到一个平衡点,而且宜将关联共同性要件作主客观因素相结合的折中理解,以实现制度本身的目的和价值。

共同侵权行为的法律后果是由共同侵权行为人承担连带责任。

---

① 参见全国人大常委会法制工作委员会民法室编:《中华人民共和国侵权责任法条文说明、立法理由及相关规定》,北京大学出版社2010年版,第41页。
② 参见杨立新:《多数人侵权行为与责任》,法律出版社2017年版,第44页。
③ 参见王胜明主编:《中华人民共和国侵权责任法释义》,法律出版社2013年版,第63页。

在《民法典》中，凡法条中明确提及"连带责任"的，均为真正的连带责任。作为共同侵权行为法律效果的连带责任是指各加害人都负有向受害人给予全部损害赔偿的义务，受害人享有向所有加害人中的任何一人或多人请求获得全部损害赔偿的权利。通常，连带责任的法律效力体现在对外效力和对内效力。关于对外效力，因连带责任是一种整体性责任，依据《民法典》第178条规定，被侵权人有权请求部分或者全部侵权行为人承担全部赔偿责任。若共同侵权行为人中的一人或数人赔偿了受害人的全部损失，则免除其他行为人的赔偿责任。关于对内效力，同样依据《民法典》第178条规定，共同侵权行为人的责任份额根据各自责任大小确定，一般来说，责任大小取决于行为人的过错程度和行为的原因力。难以确定责任大小的，平均承担责任。实际承担责任超过自己责任份额的侵权行为人，有权向其他行为人追偿。

二、共同危险行为与责任

根据《民法典》第1170条规定，构成共同危险行为需满足以下要件：一是二人以上实施了危及他人人身、财产安全的行为；二是其中一人或者数人的行为造成他人损害；三是不能确定具体的加害人。其中，要件一并未要求具有主观上的"关联共同性"，这点与《人身损害赔偿解释》第4条"共同实施"的表现形式存在明显的区别。之所以出现这种变化是由于《民法典》第1168条关于共同侵权行为的规定中已有"共同"的这种表达方式，而共同危险行为中的"共同"与狭义的共同侵权行为中的"共同"含义并不一样，在同一部法律中，不宜出现表达相同但含义不同的法律术语。

关于构成要件在学说上的争论，有学者提出数个行为人需要具有共同过错，这种共同过错表现为共同过失，这也是共同危险行为人承担连带责任的依据。对此种观点，《民法典》第1170条规定已表明了否定的态度。共同危险行为虽然被称为"准共同侵权行为"，但与共同侵权行为有着本质上的区别，不仅各侵权行为之间不存在关联共同性，而且行为人之间也不具备意思上的联络。意思联络只是共同加害行为的构成要件。①在对"共同行为"的理解上，有观点指出为了防止连带责任的无限扩大化，有必要对共同危险行为的适用范围做出一定的限制，通常会要求行为人的行为具有场所上的同一性或时空一致性。与此相对，有学者则认为要求时空一致性会不利于对受害人迅速有效的救济。原本共同危险行为规则的立法宗旨就是令受害人免于遭受由于因果关系不明而陷入举证困难的境地，作为构成要件不应进行严格限制。从第1170条规定并未采用"共同实施"的表达方式来看，立法者亦不主张行为人的行为须有时空一致性。当然对构成要件完全不加以限制也不现实，出于合理分担责任的考虑，此处的各加害人至少应该具有时空上的关联性。②

根据《民法典》第1170条规定，共同危险行为制度的法律后果是由各侵权行为人对被侵权人承担连带责任。被侵权人有权请求全部或部分侵权人承担全部赔偿责任，侵权行为人内部亦应确定各自的责任份额，超出自己赔偿份额的行为人有权向其他行为人追偿。关于免责事由，《民法典》现行规定采取了因果关系确证说的观点，即共同危险行为人仅举证证明自己的行为与损害后果之间不存在因果关系并

---

① 参见最高人民法院民法典贯彻实施工作领导小组主编：《中华人民共和国民法典侵权责任编理解与适用》，人民法院出版社2020年版，第71页。
② 参见程啸：《侵权责任法》(第3版)，法律出版社2021年版，第408页。

不足够，还要证明谁是真正的侵权行为人。对此，笔者认为《民法典》第1170条对共同危险行为的规定并非关于责任成立的规范，而是证明责任的分配规则。既然将不明确的因果关系推定为确定的因果关系，那么当然可以通过否定因果关系而免责。虽然加害人相比受害人而言，对实施危险行为的具体状况更加了解，但其毕竟不具备公安等机关的专门调查技术手段，找出真正的加害人才能免责的规定不具有可行性。因此，在涉及共同危险行为案件中，原告方仅需对多数行为人实施了共同危险行为承担举证责任，而不必就具体由哪个加害行为造成的损害后果承担举证责任。被告方有权通过证明自己的行为与损害之间不存在因果关系而获得免责。

三、分别侵权行为与责任

分别侵权行为指的是多数行为人分别实施侵权行为造成同一损害后果的情形。对于《民法典》第1171条和第1172条规定中带有"分别"二字的多数人侵权行为类型，究竟如何恰当称谓？早在《侵权责任法》实施之前，学界比较通用的称法为"无意思联络的数人侵权行为"。"无意思联络"对应的是"有意思联络"，有学者主张应将《民法典》第1168条的共同侵权行为限定在有共同故意的情形，[①]如此可以和第1171条、第1172条规定的"无意思联络的数人侵权行为"相对应，更能厘清两组条款的适用关系。对此有学者提出，共同危险行为人对损害的发生是没有意思联络的，而共同侵权行为人之间若存在过失，那么也是不具有意思联络的，因此，"无意思联络"并非第1171条、第1172条所独有的特征，将其归为无意思联络的数人侵

---

① 参见程啸：《侵权责任法》（第3版），法律出版社2021年版，第384页。

权并不准确。①自《侵权责任法》实施后,"分别侵权"这种称谓逐渐得到认同。多数人侵权问题的核心其实就是复数因果关系的问题,与《民法典》第1170条中的因果关系不明的规范类型相对应,第1171条、第1172条属于因果关系明确场合下的多数人侵权规范类型,两者之间的区别在于,第1171条为具有累积因果关系的分别侵权行为,第1172条为具有部分因果关系的分别侵权行为。分别侵权行为依据侵权行为与损害结果之间的盖然性大小来区分累积因果关系和部分因果关系,盖然性的大小取决于具体案情以及相关证据。

相比于《人身损害赔偿解释》将无意思联络的数人侵权的类型表达为"直接结合"的多数人侵权与"间接结合"的多数人侵权,《民法典》并没有沿用以上标准,而是在二人以上分别实施侵权行为造成同一损害的前提下,第1171条表明在每个人的侵权行为都足以造成全部损害的场合,承担的是连带责任;第1172条根据能否区分责任大小而承担相应的按份责任。这种表述方式不仅避免了关于《人身损害赔偿解释》中的"直接结合"与"间接结合"之争,而且明确了责任的判断标准,在一定程度上扩大了法官的自由裁量权。尤其是第1172条具体规定并没有任意扩大行为人的责任范围,而是尽量根据自己责任原则确定责任的大小。但是这种责任大小的判断标准,除了因果关系因素以外,还应采取何种角度理解并没有十分明确。

分别侵权行为责任是典型的法定按份责任的承担类型。根据《民法典》第177条规定:"二人以上依法承担按份责任,能够确定责任大小的,各自承担相应的责任;难以确定责任大小的,平均承担责

---

① 参见邹海林、朱广新主编:《民法典评注:侵权责任编》,中国法制出版社2020年版,第71页。

任。"《民法典》第1172条与第177条保持一致，在适用上首先要通过比较过错和原因力来确定责任份额，如果依据上述标准不能确定责任份额，才能要求数个侵权行为人平均承担责任。这种按份责任的份额确定方式在《民法典》第1231条中也有所体现："两个以上侵权人污染环境、破坏生态的，承担责任的大小，根据污染物的种类、浓度、排放量，破坏生态的方式、范围、程度，以及行为对损害后果所起的作用等因素确定。"法律不能脱离具体案件存在，即使是事先抽象出各种确定责任份额的标准，也只能由法官在具体案件中综合考虑各种因素来确定。

四、竞合侵权行为与责任

在我国多数人侵权行为的基本类型中并无竞合侵权行为，此概念是由杨立新教授借鉴潮见佳男教授在《不法行为法》一书中对多数人侵权所作的基本分类而提出的。杨立新教授认为，侵权行为形态应与侵权责任形态相对应，因此在多数人侵权领域，共同侵权行为对应的是连带责任，分别侵权行为对应的是按份责任，而作为共同责任之一的不真正连带责任却没有相对应的侵权行为形态，使我国的多数人侵权行为体系呈现出残缺状态。经过其研究，主张引入竞合侵权行为的概念以填补这一理论残缺。[①]

所谓竞合侵权行为，是指两个以上的民事主体作为侵权人，有的实施直接侵权行为，与损害结果具有直接因果关系，有的实施间接侵权行为，与损害结果的发生具有间接因果关系，行为人承担不真正连

---

① 参见杨立新：《侵权责任法》（第4版），法律出版社2021年版，第100页。

带责任的侵权行为形态。①

竞合侵权行为作为除共同侵权行为、分别侵权行为以外的一类多数人侵权行为的独立形态，在法律效果上由行为人承担不真正连带责任。不真正连带责任是指多个加害人基于不同的原因实施加害行为，造成了同一受害人的损害，由各加害人承担同一给付内容的全部赔偿责任。

杨立新教授通过对我国现行法律规范的考察，把竞合侵权行为分为四种类型，不同的类型对应不同的不真正连带责任，即必要条件的竞合侵权行为对应典型的不真正连带责任，"必要条件＋政策考量"的竞合侵权行为对应先付责任，提供机会的竞合侵权行为对应补充责任，特殊保险关系的竞合侵权行为对应并合责任。

此种分类在形式上实现了竞合侵权行为与责任的相互衔接，构成了工整的对应体系，然而其中的合理性却受到若干质疑。有学者指出先付责任、补充责任并非属于不真正连带责任的范畴，必要条件的竞合侵权行为、"必要条件＋政策考量"的竞合侵权行为、特殊保险关系的竞合侵权行为亦不属于竞合侵权行为。以上划分方式将一些本不符合竞合侵权行为的类型纳入其中，直接导致竞合侵权行为类型体系过于臃肿，不利于法律规范的准确适用与责任的具体分担。竞合侵权行为中的损害由直接侵权人和间接侵权人的行为竞合而成，两者不存在主观上的意思联络，各自原因力有直接和间接之分，竞合侵权行为的责任承担方式应为补充责任。②

---

① 参见杨立新：《论竞合侵权行为》，载《清华法学》2013年第1期，第125页。
② 参见郑志峰：《竞合侵权行为理论的反思与重构——与杨立新教授商榷》，载《政治与法律》2015年第8期，第115页以下。

第三节　生态环境侵权司法解释中的多数人侵权

《最高人民法院关于审理生态环境侵权责任纠纷案件适用法律若干问题的解释》(以下简称《生态环境侵权责任解释》)于2023年6月5日由最高人民法院审判委员会第1890次会议通过,自2023年9月1日起施行。[①]该司法解释以《民法典》多数人侵权责任规范为基础,对生态环境侵权领域的多数人侵权进行了创造性的发挥。再加之此前由最高人民法院颁布的具有针对性的两项司法解释,即2021年12月的《关于生态环境侵权案件适用禁止令保全措施的若干规定》(以下简称《生态环境侵权禁止令规定》),对禁止令保全措施在法律依据、适用主体、适用范围等方面进行了细化,并对审查标准及其他问题进行了规范,以及2022年1月的《最高人民法院关于审理生态环境侵权纠纷案件适用惩罚性赔偿的解释》(以下简称《生态环境侵权惩罚性赔偿解释》)对环境惩罚性赔偿制度进行了补充,使得惩罚性赔偿制度更适应我国生态文明建设的需要。以上一系列司法解释为我国生态环境侵权领域司法实践中不断涌现出的新类型案件提供了若干解决思路。

一、多数人环境侵权责任的认定

在我国,当生态环境侵权纠纷中的受害人提起损害赔偿诉讼,追究

[①] 该司法解释前身为《最高人民法院关于审理环境侵权责任纠纷案件适用法律若干问题的解释》(以下简称《环境侵权责任规定》),其于2015年2月9日由最高人民法院审判委员会第1644次会议通过,根据2020年12月23日最高人民法院审判委员会第1823次会议通过的《最高人民法院关于修改〈最高人民法院关于在民事审判工作中适用〈中华人民共和国工会法〉若干问题的解释〉等二十七件民事类司法解释的决定》修正,其中第2—5条是多数人侵权责任在环境污染和生态破坏纠纷领域的具体规定。

加害人的民事责任时，通常会适用《民法典》及《生态环境侵权责任解释》中关于多数人侵权的规定。所谓多数人环境侵权行为，是指两个以上的行为人因污染环境、破坏生态造成他人或者社会公共利益损害，依法应当承担侵权责任的民事行为。多数人环境侵权行为是否成立，通常需要考虑三方面的因素：一是数个加害人是否实施了污染环境、破坏生态的侵权行为，二是合法权益是否遭受了侵害且有客观的损害事实，三是污染环境、破坏生态的行为与损害后果之间是否存在因果关系。以上三个构成要件是追究数个加害人侵权责任的必备条件。

（一）存在污染环境、破坏生态的侵权行为

数个行为人实施了污染环境、破坏生态的行为是多数人环境侵权行为的基本构成要件之一。《民法典》在环境侵权责任领域进行了革新，将生态破坏行为纳入环境侵权行为范畴，在侵权责任编中将环境污染责任修改为环境污染和生态破坏责任，在立法上将环境侵权的原因行为从单一的环境污染修改为环境污染与生态破坏二者并列，为环境侵权应当包含环境污染和生态破坏两种行为类型的观点提供了法律依据，结束了对于环境侵权原因行为的争论，更是对《民法典》总则编规定的绿色原则的贯彻落实。[①]

将生态破坏纳入环境侵权行为当中，无疑是在深刻理解环境侵权原因行为的基础上对长久以来司法实践的经验总结。从环境污染和生态破坏的产生原因来分析，环境污染是由人类向自然环境实施排污行为所导致的，生态破坏则是因人类对自然环境的不合理利用所导致

---

① 参见刘超：《〈民法典〉侵权责任编的绿色制度创新》，载《法学杂志》2020年第10期，第41页。

的，二者有着明显差异。但在实践过程当中，对自然环境的排污行为有时也会导致生态破坏行为的发生，二者之间不确定的因果关系必然会导致共存的局面出现。因此，若将环境侵权原因行为只限于环境污染，一方面在环境侵权领域内，民法无法对生态破坏行为所导致的损害后果进行救济；另一方面对实施一种侵权行为的侵权人，民法可能会施加来自环境污染的环境侵权责任与来自生态破坏的一般侵权责任的重复处罚。环境污染和生态破坏，两者具有明显差别，却又存在紧密联系，因此在分析环境侵权原因行为时不能以偏概全，应当将两者并列作为环境侵权的原因行为。

我国现行立法将环境侵权的原因限定为环境污染和生态破坏，具体表现为水污染、大气污染、土壤污染、海洋污染、噪声污染、放射性污染、水土流失、土地荒漠化、生物多样性遭到破坏等。在我国环境侵权纠纷司法实践中，原告为自然人、被告为法人的案件比例最高，也就是一般以自然人起诉企业的情形居多。作为环境侵权行为的主体——企业而言，若违反国家规定超标排污，造成损害后果，必然构成典型的环境侵权行为。然而，当企业的排污行为符合国家或地方标准，却造成了生态环境损害，是否可以此为理由主张免责或减责？司法解释对此明确提出了否定意见。[1]主要理由在于，首先，污染物的排放标准并非确定污染者是否承担损害赔偿责任的依据；其次，污染物的排放并非单个企业的行为，多数情况下会涉及企业联合体，且通过连锁反应生成的次生污染物可能在此后会引起更严重的损害后果。因此，在适用无过错责任归责原则的前提下，违法性并不是承担环境侵权责任

---

[1] 参见最高人民法院研究室、最高人民法院环境资源审判庭编著：《最高人民法院环境侵权责任纠纷司法解释理解与适用》，人民法院出版社2016年版，第23页。

的必要条件。因数个侵权行为人实施了污染环境、破坏生态的行为而造成损害的，除法律明确规定的不承担责任的情形之外，均属于环境侵权行为，相关行为人应当承担侵权责任。

（二）造成损害后果

行为人实施的污染环境、破坏生态的行为，如果损害了自然人、法人或非法人组织等民事主体享有的人身、财产权益，包括饮用清洁水、呼吸清新空气、拥有稳静生活、享受日照、远眺风景等环境权益，即构成环境私益侵权责任。如果违反国家规定污染环境、破坏生态，损害了生态环境自身，使其正常的服务功能减损或者丧失，则构成环境公益侵权责任。基于私益与公益的区分，环境侵权中的损害形式主要有两类：一类是针对民事主体的财产损害和人身损害，另一类是针对生态环境本身的损害。[①] 只有存在损害事实，才能向行为人追究侵权责任。环境侵权的损害后果具有显著的特殊性，主要体现在大多数污染行为周期长、有一定时间的潜伏期，损害后果一旦显现，短期之内难以消除。

具体而言，环境侵权行为造成的人身损害主要表现为受害者患病、伤亡。财产损害常见的有因污染导致的农作物减产、养殖物死亡等。生态环境损害，是指因污染环境、破坏生态造成大气、地表水、地下水、土壤、森林等环境要素和植物、动物、微生物等生物要素的不利改变，以及上述要素构成的生态系统功能退化。生态环境损害是与人身损害、财产损害平级的新型损害类型。长期以来，世界各国均

---

① 有学者认为，环境损害为上位概念，生态环境损害为下位概念，环境损害包括人身损害、财产损害、生态环境损害。生态环境损害不包括因环境污染、生态破坏造成的人身损害以及自然人、法人、非法人组织的财产损失。

未将生态环境损害纳入民事责任承担的范畴，一个重要原因就在于，生态环境损害具有不可估量性，很难通过货币量化环境损害的程度。随着科技发展水平的进步，生态环境损害评估的理论与技术日趋成熟，加之公民环境权意识的觉醒，生态环境损害才作为一种新型损害被纳入民事法律的保护范畴。

在传统侵权法理论的影响下，民法主要调整因环境破坏造成的特定受害人的私益损害。而环境侵权不同于一般侵权，其损害后果的造成需要依靠自然环境作为媒介，这就导致环境侵权的损害结果可能呈现出私益与公益纠缠共存的复合型损害形态，即对人身财产权益和生态环境权益同时产生损害，这显然超出了传统民法理应调整的范围。

自我国进入民法典时代以来，现代民法保障私益的原则壁垒逐渐模糊化，在一定程度上拥有了兼顾公益的能力。例如《民法典》第1234条、第1235条对生态环境损害所需承担的生态环境修复责任和生态环境损害赔偿责任进行了规定。因此，即便在生态环境损害案件中，所侵害的权益属于生态环境权益这种公共利益，但民法对这种公共利益的救济也给予了认可。实践中，同一个污染环境、破坏生态行为，既会给生态环境造成损害，也会给他人人身、财产造成损害，因此，环境私益损害和环境公益损害同时存在的情形居多。与此相应的环境侵权责任的两种形态，即环境私益侵权责任和环境公益侵权责任，也存在密切的关联和重合，进而使得环境私益诉讼和环境公益诉讼在分立的基础上保持着高度的融合。尤其是生态破坏行为相较于环境污染行为而言，所表现出的损害形式往往更偏向于对环境公共利益的损害，再其次的反而是对人身权益和财产权益的损害。因此，对环境损害的救济方面亦呈现出公法与私法协同联动的发展趋势。

（三）形成推定的因果关系

依据《民法典》第1230条规定，由环境污染者或生态破坏者就其行为与损害之间不存在因果关系负举证责任，即采取的是举证责任倒置规则，倘若侵权行为人不能证明污染环境、破坏生态的行为与损害后果之间不存在因果关系，则需承担举证不能的后果，由此认定因果关系成立，令行为人承担侵权责任。与此同时，侵权行为人可以依据法律规定的不承担责任或减轻责任的情形提出抗辩，从而获得免除或减轻自己的侵权责任的效果。

但是，因果关系的举证责任倒置并非指被侵权人不承担任何举证责任。从环境侵权行为发生到损害后果显现的过程相当漫长，其中的机制也非常复杂。受限于受害人的专业知识技术水平，以及与加害人之间经济地位上的不平等性，在诉讼中要求原告举证证明存在因果关系是非常困难的。对此，根据《最高人民法院关于生态环境侵权民事诉讼证据的若干规定》（以下简称《生态环境侵权证据规定》）的相关规定，由环境污染责任纠纷案件和生态破坏责任纠纷案件的被侵权人提供证据证明侵权行为人实施了污染环境或者破坏生态的行为，被侵权人的人身、财产受到损害或者有遭受损害的危险，以及污染环境、破坏生态的行为与损害之间具有关联性，即可推定因果关系成立。所谓关联性，是与待证案件事实有内在的联系或在逻辑上和经验上的相互联系。其实质是对侵权行为构成要件之一的因果关系的成立标准在生态环境侵权中的修正，只不过在生态环境侵权司法实践中，对污染环境、破坏生态的行为与损害后果之间存在因果关系的举证责任要求非常低。这主要是因为证明"关联性"的目的在于降低受害人对因果关系的举证责任，避免受害人因举证不能或不充分而承受败诉的不利后果。人民法院应当根据原告提交的证据，结合污染环境、破坏生态的行为方式、污染物的性质、环境介质的类型、生态因素的特征、时间顺序、空间距离等因素，综合判断侵权行为人行为与损害之间的关联性是否成立。①

二、多数人环境侵权赔偿责任的类型化适用

（一）环境共同侵权责任

多数人环境侵权行为包含两种情形，一是数个侵权行为人共同实施环境侵害的行为；二是数个侵权行为人分别实施环境侵害的行为。对于涉及多数加害人的环境侵权案件，通过举证证明环境共同侵权行为或环境分别侵权行为的成立，可以依法直接追究加害人的民事责任。

所谓环境共同侵权责任，指的是两个以上侵权人共同实施污染环境、破坏生态行为造成损害的，被侵权人有权请求侵权人承担连带责任。此为多数人生态环境侵权类型中关于共同环境侵权行为的责任承担规则。与一般的环境侵权行为相比，环境共同侵权行为最突出的特点在于因果关系的证明规则，是以减轻受害人举证证明的难度为目的，对全体行为人追究全部赔偿的连带责任。

针对在具体的生态环境侵权纠纷案件法律适用中多数人侵权责任划分不统一的问题，原《环境侵权责任规定》明确区分了责任承担方式。其中认定环境共同侵权行为成立的核心构成要件"共同实施"

---

① 最高人民法院环境资源审判庭编著：《最高人民法院生态环境侵权民事证据规定理解与适用》，中国法制出版社2023年版，第75页。

中的"共同"包括三层含义,即共同故意、共同过失,以及除共同故意与共同过失之外的"客观的关联共同性"。相比《民法典》第1168条关于共同侵权行为之共同性要件的认定标准,多数人生态环境侵权中的环境共同侵权责任明显在共同侵权责任的基础上扩大了适用范围,采取了主观说扩展至主观说与客观说并用的立场,使连带责任规则正当合法化,更便于对生态环境侵权纠纷的受害人进行迅速有效的救济。

具体而言,在生态环境侵权损害赔偿诉讼中,环境共同侵权行为不仅包括具备主观关联共同性的侵权行为,还包括具备客观关联共同性的侵权行为。一方面,只要数个侵权行为人基于共同故意或共同过失造成了损害后果,即成立共同侵权行为,此时追究侵权行为人连带责任的基础在于主观上的关联共同性。另一方面,多数侵权行为人之间没有共同故意或共同过失,但根据社会一般观念,在客观上看能被认为已形成一种利益共同体或危险共同体的情况下,可以将各侵权行为人的行为看作一个不可分割的整体,那么数个侵权行为人需对外承担连带责任。此时环境侵权受害人既有权请求其中任何一位加害人的全部赔偿责任,也可以向所有加害人请求全部赔偿责任。

由此可见,基于多数人生态环境侵权的特殊性,关于环境共同侵权的规则,是将《民法典》第1168条原已明确的共同侵权行为的价值取向作出了变更,扩展了追究连带责任的适用范围,提高了受害者获得足额赔偿的概率。

(二)环境分别侵权责任

1.行为人对外承担环境侵权责任的方式

《生态环境侵权责任解释》第5—7条是以原《环境侵权责任规定》

第3条为基础，规定的关于两个以上污染者分别实施污染环境、破坏生态行为造成同一损害情形下的环境分别侵权责任规则，①具体可分为三种类型：其一，每一个侵权人的行为都足以造成全部损害的，依据《民法典》第1171条规定承担连带责任；其二，每一个侵权人的行为都不足以造成全部损害的，依据《民法典》第1172条规定承担按份责任；②其三，足以造成全部损害的侵权人与只造成部分损害的侵权人同时存在的，则视具体情况承担全部连带责任或部分连带责任。

首先，在追究侵权行为人连带责任的规范模式之下，构成环境分别侵权责任的关键在于"数个侵权人的行为是否足以造成全部损害"。其中的"足以"并不是指每个污染环境、破坏生态的行为都实际造成了全部损害，而是指即便没有其他行为的共同作用，独立的单个行为也可能造成全部损害。③受害人可对加害人中的任何一人或

---

① 原《环境侵权责任规定》第3条规定："两个以上侵权人分别实施污染环境、破坏生态行为造成同一损害，每一个侵权人的污染环境、破坏生态行为都足以造成全部损害，被侵权人根据民法典第一千一百七十一条规定请求侵权人承担连带责任的，人民法院应予支持。两个以上侵权人分别实施污染环境、破坏生态行为造成同一损害，每一个侵权人的污染环境、破坏生态行为都不足以造成全部损害，被侵权人根据民法典第一千一百七十二条规定请求侵权人承担责任的，人民法院应予支持。两个以上侵权人分别实施污染环境、破坏生态行为造成同一损害，部分侵权人的污染环境、破坏生态行为足以造成全部损害，部分侵权人的污染环境、破坏生态行为只造成部分损害，被侵权人根据民法典第一千一百七十一条规定请求足以造成全部损害的侵权人与其他侵权人就共同造成的损害部分承担连带责任，并对全部损害承担责任的，人民法院应予支持。"

② 《民法典》第1171条"二人以上分别实施侵权行为造成同一损害，每个人的侵权行为都足以造成全部损害的，行为人承担连带责任"属于"累积因果关系"。《民法典》第1172条"二人以上分别实施侵权行为造成同一损害，能够确定责任大小的，各自承担相应的责任；难以确定责任大小的，平均承担责任"属于"部分因果关系"。

③ 参见最高人民法院研究室、最高人民法院环境资源审判庭编著：《最高人民法院环境侵权责任纠纷司法解释理解与适用》，人民法院出版社2016年版，第51页。

者多数人请求全部赔偿，而且连带责任人内部责任份额的约定对外不发生效力，因此被请求承担全部责任的侵权行为人不得以过错程度或者原因力为由只承担部分责任。在多数人环境侵权中设定连带责任，不仅旨在强调对受害人的损失予以最大限度的救济，优先考虑受害人的利益，而且更承载着生态文明法治化建设中维护社会公共利益的长远需要。就具体责任追究程序而言，连带责任模式不仅减轻了受害人的举证责任负担，而且能保证其损害赔偿请求权的实现。但不能否认，连带责任在一定程度上会牺牲部分行为人的利益，例如由于行为人之间经济实力的差异导致的内部求偿无果。另外，在按照连带责任规则履行求偿权的过程中，对受害人已经完成赔付的加害人还需另行起诉，向未进行赔付的加害人进行内部追偿，必然会增加诉累。[①]

其次，在追究侵权人按份责任的规范模式之下，各加害人分别对受害人承担侵权责任。责任份额的确定标准取决于过错程度和原因力。但是由于环境侵权适用无过错责任原则，所以确定多数人环境侵权责任大小的依据主要是加害人的行为在导致损害后果中所占的原因力的比例。对于无法区分原因力的，由侵权人平均承担责任。按份责任较之连带责任，旨在强调不能只对受害人的损失予以救济，却无端牺牲加害人的利益，应通过设置明确具体的责任承担标准达到合理分担损失的规范目的。然而在生态环境侵权纠纷中，原因力的确定异常复杂，具体到如何追究责任，应考虑的因素包括污染物的种类、浓

[①] 参见全国人大常委会法制工作委员会民法室编：《中华人民共和国侵权责任法条文说明、立法理由及相关规定》，北京大学出版社2010年版，第283页。王胜明主编：《中华人民共和国侵权责任法释义》，法律出版社2010年版，第340页。

度、排放量、危害性，破坏生态的方式、范围、程度等，而且不同因素混合后所造成的损害后果也不尽相同，因此，对技术层面的要求较高，这无疑也增加了责任分配的难度。

最后，在追究部分连带责任的情形之下，其适用规则应依照各侵权行为在因果关系上的重叠部分确定部分连带责任份额。部分连带责任指的是在多数人侵权的情形下，部分侵权行为人对全部损害承担连带责任，部分侵权行为人仅对部分损害承担连带责任。部分连带责任在我国司法实践中具体体现为《生态环境侵权责任解释》第7条第1款规定："两个以上侵权人分别污染环境、破坏生态，部分侵权人的行为足以造成全部损害，部分侵权人的行为只造成部分损害，被侵权人请求足以造成全部损害的侵权人对全部损害承担责任，并与其他侵权人就共同造成的损害部分承担连带责任的，人民法院应予支持。"

以X、Y、Z三家关联企业造成大气污染损害为例，其中X为大型企业，其排污行为足以导致全部损害，但Y与Z为中小企业，排污量仅分别占全部损害的5%、10%，则可认定重叠部分为5%，X、Y、Z就全部损害的5%承担连带责任，其余部分由X、Z分别承担责任。相比于以往的侵权责任二元化模式，部分连带责任基于损害的可区分性和部分重叠事实因果关系的客观标准，认定部分行为人就全部损害承担连带责任，其他行为人仅就部分损害承担连带责任的模式，既充分关注到了不同环境侵权行为人实际赔偿能力上的差异，合理实现行为人求偿不能的风险分担，又能防止现有多数人侵权陷入行为类型区分的困境，弥补连带责任弹性不足的缺陷，避免司法实践适用标准的分歧，[①]

---

① 参见傅远泓：《论"部分连带"责任效果的类型化及适用》，载《民商法论丛》2020年第2期，第100页。

达成维护社会公平正义的立法初衷。

2.行为人对内承担环境侵权责任的方式

对于两个以上侵权人承担环境侵权责任的方式，根据我国《民法典》第1231条规定可知，侵权人内部责任的分担应当按照污染物的种类、浓度、排放量，破坏生态的方式、范围、程度以及行为对损害后果所起的作用等因素确定。①关于《民法典》第1231条究竟是多数人环境侵权行为中的侵权人外部责任的规定？还是其内部责任的规定？有学者认为该条规定属于对外责任承担的标准，实际是《民法典》第1172条规定的具体化，即根据侵权行为的具体情况来确定各侵权人的责任大小，同时排除了《民法典》第1171条规定的适用。②也有学者持相反意见，认为本条应属于共同侵权的情形，当然适用连带责任的规则，只有加害者任意一方完全履行赔偿责任之后，再适用按份责任对侵权人之间做内部责任的分担。③根据全国人大常委会法工委出具的意见，《民法典》第1231条属于划分多数侵权人内部责任份额的规则，而非多数侵权人对外承担责任的依据。④因此《生态环境侵权责任解释》第25条作为《民法典》

---

① 《民法典》第1231条是以《侵权责任法》第67条为基础的法律规范。原《侵权责任法》第67条规定："两个以上污染者污染环境，污染者承担责任的大小，根据污染物的种类、排放量等因素确定。"
② 参见张新宝、庄超：《扩张与强化：环境侵权责任的综合适用》，载《中国社会科学》2014年第3期。
③ 参见孙佑海、唐忠辉：《论数人环境侵权的责任形态——〈侵权责任法〉第67条评析》，载《法学评论》2011年第6期。
④ 参见最高人民法院研究室、最高人民法院环境资源审判庭编著：《最高人民法院环境侵权责任纠纷司法解释理解与适用》，人民法院出版社2016年版，第54页。胡卫：《环境侵权中修复责任的适用研究》，法律出版社2017年版，第277页。

第1231条规定的细化，更加明确地规定了多数侵权行为人之间责任份额的承担方式，既可以适用于连带责任情形下内部责任划分的追偿，也可以适用于按份责任情形下责任份额的确定。关于多数侵权人责任份额的划分依据，第25条规定除了要考虑侵权人的行为在导致损害后果中所占的原因力大小之外，还应关注侵权行为人自身有无排污许可证、是否超标准、超总量排污，以及破坏生态行为对损害后果所起的作用等过错程度因素。在具体司法实践操作中，持证达标排污的污染者可以主张减轻责任，由此提高企业主动守法的意识，并加强对无证且超标排放的企业进行制裁。

（三）因第三人过错的环境侵权责任

多数人环境侵权行为作为一种特殊的侵权行为，除了在构成要件的认定中适用无过错责任原则与因果关系推定规则之外，与侵权行为人无关的第三人造成环境损害应被追究不真正连带责任也属于其特殊性的表现。此处的不真正连带责任一般体现为，多数侵权行为人因各自不同的原因致使受害人权利遭受损害，偶然产生了同一损害后果，每个侵权人都应负全部的赔偿责任，并因其中任一位侵权人的履行而使全体侵权行为人的赔偿责任归于消灭。

传统侵权法中的第三人过错指的是除加害人与受害人之外的第三人，对于所发生的损害具有过错，加害人免予责任承担的免责事由。[1]然而基于环境侵权是一种特殊的侵权行为，对加害人免责会使受害人陷入难以获得救济的困境，为贯彻无过错责任原则，《生态环

---

[1] 参见吕忠梅：《沟通与协调之途——论公民环境权的民法保护》，中国人民大学出版社2005年版，第272页。

境侵权责任解释》第18条以原《环境侵权责任规定》第5条[①]和《民法典》第1233条[②]为基础,进一步规定因第三人过错造成的生态环境损害,受害人不仅可以向无过错的侵权行为人请求赔偿,还可以向有过错的第三人请求赔偿,令侵权行为人不因第三人过错而免责,明确了侵权行为人与过错第三人构成不真正连带责任,且过错第三人为最终责任者。由此看来,侵权行为人对于第三人过错造成的损害承担的是中间责任,在完成对受害人的赔偿责任之后,再向第三人追偿。虽然过错第三人承担的是最终责任,但也并不意味着在具体案件中应直接判决过错第三人承担责任,否则无疑将第三人清偿不能的风险转移至受害人承担,有违我国生态环境侵权领域充分救济受害者的立法初衷。因此当受害人同时起诉侵权人和过错第三人时,应按不真正连带责任的规则,赋予受害人充分的选择权,即受害人向侵权行为人和过错第三人追究损害赔偿责任,既可以择一行使,也可以同时主张。

三、生态环境侵权惩罚性赔偿的法律适用

关于环境侵权损害的惩罚性赔偿制度比较常见于英美法系国家,是给付金额超出受害人实际损害范围的一种金钱赔偿。我国出于对其

[①] 原《环境侵权责任规定》第5条规定:"被侵权人根据民法典第一千二百三十三条规定分别或者同时起诉侵权人、第三人的,人民法院应予受理。被侵权人请求第三人承担赔偿责任的,人民法院应当根据第三人的过错程度确定其相应赔偿责任。侵权人以第三人的过错污染环境、破坏生态造成损害为由主张不承担责任或者减轻责任的,人民法院不予支持。"

[②] 《民法典》第1233条规定:"因第三人的过错污染环境、破坏生态的,被侵权人可以向侵权人请求赔偿,也可以向第三人请求赔偿。侵权人赔偿后,有权向第三人追偿。"

公私法性质方面的疑虑,[①]在具体适用上持谨慎态度。单纯适用金钱赔偿原则不会完全抵消受害人因诉讼付出的时间、精力与财力所产生的负面影响,导致受害人诉讼积极性降低,因此我国有必要在生态环境侵权责任领域建立起惩罚性赔偿制度。[②]

（一）我国在生态环境侵权领域引入惩罚性赔偿制度的意义

在我国生态环境侵权救济领域适用与一般侵权救济制度不同的惩罚性赔偿制度是现阶段社会发展的需要。在司法实践中,侵权人实施了环境污染和生态破坏行为,该行为以自然环境作为媒介又损害了被侵权人的权益,此损害后果并非单纯一种环境污染和生态破坏行为所造成的,多数情形是在不同环境侵权行为表现形式的综合作用下造成的,此时被侵权人难以辨别对自身造成损害后果的侵权主体,导致环境侵权诉讼成本的增加。同时环境侵权损害后果又具备潜伏性,使得被侵权人所遭受损害难以估量,在这种情况下,对被侵权人提供作为补偿性质的惩罚性赔偿具有现实意义,能够实现对被侵权人充分的救济。

在生态环境侵权领域引入惩罚性赔偿制度,有利于预防和抑制环境侵权案件发生的频率。在司法实践当中,若侵权人承担环境侵权责任所需付出的赔偿与侵权人通过环境侵权行为所获利益相比,前者所获更多,那么单一的环境侵权损害赔偿机制将无法保证以企业为主的环境侵权行为人没有再犯之心,由此导致环境侵权案件的愈加频发,

---

[①] 有观点认为:惩罚性赔偿属于公法责任,如果对责任者采取惩罚性赔偿制度作为惩罚,有可能使赔偿数额超出实际损害,加重责任者负担。参见［英］马克·维尔德:《环境损害的民事责任——欧洲和美国法律与政策比较》,张一心、吴婧译,商务印书馆2017年版,第222页。
[②] 参见吕忠梅等:《环境损害赔偿法的理论与实践》,中国政法大学出版社2013年版,第115页。

影响社会秩序的稳定。现代民法之所以兼顾保护公益的目的，亦有稳固社会秩序之目的。为此，生态环境侵权惩罚性赔偿制度将原本只有公法体制才具备的惩罚性带入到环境侵权当中，通过对侵权人施加额外的违法成本，以避免出现违法成本比违法所得低的情况，在惩罚侵权人的同时给予其他行为人威慑，来预防环境侵权案件的频繁发生，有利于稳定社会秩序。

（二）我国生态环境侵权惩罚性赔偿责任的要件诠释

《民法典》除在总则编中的第179条规定了惩罚性赔偿的原则性条款，在第1185条、第1207条分别规定了知识产权侵权、产品责任的惩罚性赔偿以外，专门在第1232条增加了对环境污染和生态破坏的惩罚性赔偿的规定。《民法典》第1232条规定："侵权人违反法律规定故意污染环境、破坏生态造成严重后果的，被侵权人有权请求相应的惩罚性赔偿。"依据这一规定，在环境侵权责任要件构成的情况下，如果侵权人违反法律规定，故意污染环境、破坏生态且造成了严重后果，被侵权人在主张补偿性损害赔偿责任的同时，有权请求相应的惩罚性赔偿。该惩罚性赔偿制度既可适用于环境侵权私益诉讼，也可适用于环境侵权公益诉讼。

然而《民法典》第1232条只是为生态环境侵权惩罚性赔偿制度构建了大致的框架，具体操作层面还存在诸多模糊之处，因此在经过一段时间的司法实践探索后，最高人民法院出台了《生态环境侵权惩罚性赔偿解释》，对制度的具体适用作出进一步明确的规定，其内容涵盖了生态环境侵权惩罚性赔偿责任适用要件的认定、适用范围的界定、惩罚性赔偿金额计算的基数与倍数、被侵权人请求适用生态环境侵权惩罚性赔偿的时间限制、惩罚性赔偿金与环境行政罚款、刑事罚金的适用顺序等，不仅具体明确了生态环境侵权惩罚性赔偿金在民事私益诉讼中的适用方式，同时做出了在生态环境损害赔偿诉讼中适用惩罚性赔偿的尝试性规定。

我国立法秉承大陆法系传统，在环境侵权领域引入惩罚性赔偿本是对传统侵权法理论的突破，再考虑到惩罚性赔偿制度的惩罚性，得到适用便意味着侵权人要承担具备惩罚性的高额赔偿金，考虑到环境侵权诉讼中的侵权行为人以企业为主，若在环境侵权诉讼中过度适用惩罚性赔偿制度，将会给企业带来沉重的经济负担，影响正常生产经营活动，最终对社会经济的发展产生不利影响，因此在《生态环境侵权惩罚性赔偿解释》第1条中强调了生态环境侵权惩罚性赔偿制度"应当严格审慎，注重公平公正"的适用立场，这意味我国在立法层面对生态环境侵权惩罚性赔偿制度的适用要件设置了较高的门槛。

1. 行为要件——侵权人污染环境、破坏生态的行为违反法律规定

侵权法的目的在于维护社会秩序、保障人民群众的合法权益。对于符合国家标准之下的被许可的排污行为和对自然资源的合理开发利用行为，侵权法并不具备对其处以惩罚性赔偿的正当性，反而应当给予保护和鼓励，以便保证社会经济的正常发展，因此若要对环境侵权行为人施加惩罚性赔偿责任，必须以侵权行为人违反法律的强制性规定为前提。

《生态环境侵权惩罚性赔偿解释》第5条规定，将人民法院对侵权行为人污染环境、破坏生态的行为是否违法的判定范围划为法律、法规，在法官自由裁量下也可以以规章为依据。由此可以看出，该规定对污染环境、破坏生态行为是否违法的判定范围较为广泛，涵盖了法律、法规以及规章的参照。之所以如此规定，笔者认为主要有三方面的考虑。

第一，从目的上来看，生态环境侵权惩罚性赔偿制度的构建本就有着运用私法机制补充公法层面对环境侵权救济不足的目的，若对其适用的前提采取较为严苛的判定范围，反而有悖于引入惩罚性赔偿制度的立法初衷。第二，环境侵权自身的特殊性导致其不同于普通的侵权行为，其不平等性、不特定性以及滞后性等特点往往使得难以对侵权人污染环境、破坏生态的行为进行违法性认定，因此不得不拓宽侵权人不法行为的参考范围。第三，由于生态环境地理差异，导致各地区之间对环境标准的制定存在不一致的情况，因此将地方性法规、民族自治法规、经济特区法规以及地方规章等纳入参考范围能够因地制宜，避免因一概而论导致的对被侵权人救济效果的偏差。

2.主观要件——侵权人具有污染环境、破坏生态的故意

环境污染和生态破坏行为的表现形式具有多样性，损害后果在客观上并非单一侵权行为所导致，在主观上通常区分存在故意或者过失的情况，若令存在主观过失的侵权行为人承担惩罚性赔偿责任，会与生态环境侵权惩罚性赔偿制度采取"严格审慎、公平公正"的适用原则相悖，因此有必要将环境侵权行为人的主观状态限定为故意，对产生道德上的可归责性的这种主观状态施加额外的惩罚，并将此作为惩罚性赔偿制度的适用要件之一，既充分发挥了惩罚性赔偿制度应有的社会功能，又符合了民法对公平正义理念的追求。

关于如何认定环境侵权行为人在主观上存在故意，根据《生态环境侵权惩罚性赔偿解释》第6条和第7条的规定，人民法院在对侵权行为人主观状态进行判断时，应当结合侵权行为人的背景经历、相似侵权行为的违法记录以及污染物种类等因素来综合考量，并将可以认定主观故意的情形进行列举，在列举事项中添加兜底条款，使生态环境侵权惩罚性赔偿制度在保持谦抑性的同时，尽量避免判定范围的不

周严性。考虑到生态环境保护在我国社会发展中的重要性，以及环境侵权案件当事人之间的不平等性等因素，环境侵权责任以无过错责任为归责原则。即无论环境侵权行为人的主观状态如何，都应承担侵权责任。然而，生态环境侵权惩罚性损害赔偿责任不同于一般的环境侵权责任，其适用要件中对侵权行为人主观故意的强调显然无法适用无过错责任归责原则，同时，考虑到惩罚性赔偿制度本身所具备的惩罚性，更应当对其审慎适用，因此生态环境侵权惩罚性赔偿责任实际上回归到了一般侵权责任所适用的过错责任归责原则。

3. 结果要件——侵权人污染环境、破坏生态的行为造成严重后果

我国生态环境侵权惩罚性赔偿制度的适用从属于民法机制之下，通常令侵权行为人承担损害赔偿责任的前提是有实质损害的存在，即符合"无损害即无赔偿"的救济原则。若环境侵权行为并没有侵害到具体权益，则无法向侵权行为人请求损害赔偿，更勿论适用惩罚性赔偿制度。由于生态环境侵权惩罚性赔偿责任不同于一般性的损害赔偿责任，基于其惩罚性的特点，应当保持在适用上的谦抑性，因此只有当环境侵权行为人造成严重的损害后果时，才会考虑适用惩罚性赔偿规则。

根据《生态环境侵权惩罚性赔偿解释》第8条规定，在对生态环境侵权损害后果进行损害程度的评估时，应当根据生态环境侵权行为所持续的时间、造成影响的地域范围、对社会造成的影响程度等因素来进行综合判断。一般情况下，当环境污染、生态破坏的侵权行为导致自然人死亡或人身健康严重受损、重大财产损失、生态环境严重受损以及重大社会不良影响时，应被认定为造成了严重后果。此外，由于生态环境侵权的损害后果大多具有潜伏性，对损害后果严重程度的认定也应当根据生态环境侵权行为的持续时间、发生地域，损害的程度和范围、造成的社会影响等因素综合考量。

(三）生态环境侵权惩罚性赔偿的适用范围

生态环境侵权可能造成具体民事权益的损害，也可能造成生态环境的损害。因此依据生态环境侵权所侵害权益的属性，可将其区分为损害民事权益的私益侵权与损害生态环境的公益侵权。落实到民事诉讼领域，针对前者的救济方式是民事私益诉讼，而针对后者则有多种救济途径，包括生态环境损害赔偿诉讼和环境民事公益诉讼等。因此，要想研究生态环境侵权惩罚性赔偿制度的适用范围，就要从惩罚性赔偿责任本身与这几类典型诉讼类型的关系入手，讨论它们之间的契合度，进而厘清生态环境侵权惩罚性赔偿制度在上述诉讼类型中的适用条件。

1. 生态环境侵权惩罚性赔偿在民事私益诉讼中的适用

我国民事诉讼机制为人身或财产权益受到损害的环境侵权受害人提供了民事私益诉讼的救济途径，而生态环境侵权惩罚性赔偿制度作为特殊的损害赔偿机制，亦可适用于民事私益诉讼。

根据《民法典》第1229条规定，侵权人实施的环境侵权行为造成他人损害的，侵权人应当承担环境侵权责任。该条文中关于"他人"的理解应当仅限于自然人、法人或非法人组织，并不包括生态环境。因此，环境侵权受害人的民事权益在受到损害之后，能够依据我国民事诉讼法向人民法院提起民事私益诉讼，并可以在诉讼中依据《民法典》第1232条环境侵权惩罚性赔偿的规定，向人民法院提出令侵权行为人支付惩罚性赔偿金的请求。

2. 生态环境侵权惩罚性赔偿在民事公益诉讼中的适用

生态环境损害赔偿诉讼和环境民事公益诉讼两者救济的权益都是因环境污染、生态破坏而受到损害的环境权益。然而由于《民法典》第1232条并未明确规定环境侵权惩罚性赔偿制度的适用范围，围绕惩罚性赔偿能否适用于保护生态环境的生态环境损害赔偿诉讼和环境民事公益诉讼这一问题，学界产生了争论。一方面，有观点认为惩罚性赔偿制度应适用于所有侵害生态环境权益的公益诉讼，理由在于我国当前生态环境损害赔偿制度设置的目的聚焦于生态修复与损害赔偿，却忽视了法律制度威慑功能的发挥，故有必要将惩罚性赔偿制度引入公益诉讼之中，令其发挥应有的作用。[1]而另一方面，也有学者对此持反对意见，认为惩罚性赔偿制度并不能适用于环境民事公益诉讼和生态环境损害赔偿诉讼等公益诉讼。原因在于按照现行《民法典》之安排，第1232条的惩罚性赔偿规定在第1234条环境修复责任和第1235条生态环境损害赔偿责任之前，这就意味着从法律体系解释的角度看，惩罚性赔偿制度主要针对的是环境私益损害的情形，而并非特别适用于环境民事公益诉讼和生态环境损害赔偿诉讼。而且生态环境损害赔偿制度制定实施以来强调的是"修复优先、赔偿为辅"的原则，惩罚性赔偿的制度理念与此原则并不相契合。[2]

针对以上争论，可以从惩罚性赔偿制度本身的价值出发，其具有预防、惩罚、威慑的社会功能，重点制裁生态环境损害中的恶意侵权人。不仅《生态环境侵权惩罚性赔偿解释》对惩罚性赔偿制度在保护公共利益的环境侵权诉讼中的适用给予了法律上的认可，而且在中共中央《法治中国建设规划（2020—2025年）》中明确要求"拓展公益

---

[1] 参见黄忠顺：《环境公益诉讼制度扩张解释论》，载《中国人民大学学报》2016年第2期。
[2] 参见蔡守秋、张毅：《我国生态环境损害赔偿原则及其改进》，载《中州学刊》2018年第10期。
彭峰：《惩罚性赔偿在生态环境损害赔偿中的适用限制》，载《政治与法律》2022年第11期。

诉讼案件范围，完善公益诉讼法律制度，探索建立民事公益诉讼惩罚性赔偿制度"。惩罚性赔偿制度在公益诉讼中所发挥的作用已频繁被政府的政策性文件和权威机构提及。由此证明，《民法典》并未将惩罚性赔偿制度的适用局限在私益诉讼领域，反而随着我国生态文明建设的推进，惩罚性赔偿制度在公益诉讼中适用的范围将呈现出扩大趋势，这在审判实践中也有所体现。

然而，无论是理论研究还是司法实践，在公私法二元分立的体系下构建起救济公益的生态环境侵权惩罚性赔偿制度，其适用规则的设置仍有若干尚未解决的问题。

根据《民事诉讼法》第58条、《环境保护法》第58条规定，我国法律规定的可以对损害公益的环境侵权行为提起民事公益诉讼的诉讼主体为检察机关和社会组织。而根据《最高人民法院关于审理生态环境损害赔偿案件的若干规定（试行）》第1条规定，对违反国家规定造成生态环境损害的侵权人，省级和市地级的人民政府或其指定的相关部门或机构、国务院自然资源主管部门可以作为起诉主体向人民法院提起生态环境损害赔偿诉讼。虽然不同的法律法规并不影响两类诉讼都有着对受到损害的生态环境进行救济的目的，但不能否认环境民事公益诉讼和生态环境损害赔偿诉讼两者还是有着本质上的差别，这种差别不仅体现在起诉主体上的不同，更体现在相关配套法律机制上的不同。

首先需要指出的是，生态环境侵权惩罚性赔偿并不只局限于生态环境损害赔偿诉讼和环境民事公益诉讼之中。生态环境侵权惩罚性赔偿制度虽然具备惩罚、遏制的公法属性，但本质上仍属于私法机制范畴。而《民法典》已对环境侵权责任根据侵犯权益的不同进行了划分，第1229条至第1231条是对侵害私益的环境侵权责任的规定，在

第1234条和第1235条则是对侵害公益的生态环境侵权责任的规定。因此应将生态环境侵权惩罚性赔偿制度的适用范围扩展至包括私人利益和公共利益的生态环境侵权责任诉讼体系。

其次,《民法典》在第1234条和第1235条规定了生态环境修复责任与生态环境损害赔偿责任,但并未明确规定当惩罚性赔偿责任分别与生态环境修复责任和生态环境损害赔偿责任适用的优先顺序,若对此种并用的情况在司法实践中得到广泛适用,一方面会导致惩罚性赔偿责任与生态环境损害赔偿责任的同质化,另一方面对侵权行为人来说,其承担的责任过于沉重,并不利于生产经营活动的持续和社会经济的发展。

最后,在司法实践中环境私益诉讼、环境民事公益诉讼和生态环境损害赔偿诉讼经常会出现重叠适用的现象,虽然在《最高人民法院关于审理环境民事公益诉讼案件适用法律若干问题的解释》《最高人民法院关于审理生态环境损害赔偿案件的若干规定(试行)》等法律规章制度中对环境私益诉讼、环境民事公益诉讼、生态环境损害赔偿诉讼在程序上应如何衔接作出了规定,但是若在以上几类诉讼中均涉及惩罚性赔偿责任的诉求,应怎样处理才能避免重复提出、过度惩罚?对此笔者认为,应先从各类诉讼的目的出发,分析权益受损的具体情况,例如属于人身损害、财产损失抑或生态环境损害,再从污染环境、破坏生态侵权行为的表现形式考虑,例如当事人是基于故意还是重大过失?只有在侵权人故意违反法律强制性规定造成严重的人身伤亡财产损失生态破坏时,才可以在私益诉讼和公益诉讼中同时提出惩罚性赔偿请求。考虑到生态环境损害赔偿诉讼和环境民事公益诉讼为同一性质诉讼的情况,应避免针对同一污染环境、破坏生态的侵权行为重复提出惩罚性赔偿请求。

四、生态环境保护禁止令的法律适用

生态环境保护禁止令是指，在生态环境侵权过程中，申请人为了防止行为人持续不断的实施污染环境、破坏生态的行为，向法院申请令侵权行为人停止侵害或采取补救措施的民事裁定。生态环境保护禁止令区别于事后补救型的损害赔偿制度，旨在提前对环境污染和生态破坏行为进行有效的防范和遏制，可以有效避免对生态环境造成不可弥补的损害情形的发生。

现如今，生态环境保护禁止令制度在多数国家的法律规范中都有所体现。例如，在美国，如果发生环境侵权法律纠纷，被侵权人除了向侵权人请求损害赔偿之外，还可以向法院申请强制令，责令侵权人停止侵害行为。在德国，当生态环境已遭受了不法侵害，或者面临受侵害之危险时，法律允许被侵权人申请诉前保全，采用禁止令保护自身合法权益。在法国，法官应当事人的请求，在紧急状态下可下达被称为"临时裁定制度"的停止侵权指令。综合上述国家关于环境保护禁制令的规定可知，环境保护禁止令实施的前提条件通常是在环境侵权行为持续发生或持续产生影响时，法官据此确认该行为的不法性，并采取预防措施。尤其是当环境侵权行为按照社会一般观念来看有极大的可能性导致严重损害后果时，法官可以通过禁令禁止该环境侵权行为。在程序法上的表现形式有预防损害之诉、停止侵害之诉、确认权利之诉等防御性诉讼。像《民法典》第997条规定的人格权禁令制度，《民事诉讼法》第9章规定的保全和先予执行制度、《反家庭暴力法》第4章规定的人身安全保护令制度，均属于防御性救济措施，可通过防御性诉讼来保障权利的实现，生态环境保护禁止令制度亦如此。在我国，生态环境保护禁止令制度是在借鉴国外经验的基础上，

结合国情，在当今特有的生态文明法治建设背景下形成的。

（一）《民法典》人格权禁令制度可为申请生态环境保护禁止令提供实体法依据

人格权以人身自由和人格尊严为基础，是实体法中固有的自然权利。人格权作为一类人身权利，无法放弃、转让或继承，且具有排他效力，是以保障公民所享有的人格权益不受他人侵害为目的的绝对权。人格权禁令制度实质上是实体法的产物，以人格权请求权为适用基础。因此，申请人请求禁令的诉权基础是实体法上赋予的权利。

在我国，人格权禁令是指，根据《民法典》第997条规定，当民事主体面临行为人正在实施或即将实施侵害其人格权的违法行为，若不及时采取措施则将导致合法权益受到无法弥补的损害时，权利人有权依法向人民法院申请的一种禁令。传统的人格权保护模式主要集中在对人格权侵害的事后补救，缺乏系统的事前预防机制，人格权禁令制度通过责令侵权人及时停止侵害、排除妨害等形式，弥补了这一缺陷。人格权禁令是《民法典》新设的一项独立制度，其本身有别于《民事诉讼法》中的先予执行和行为保全等临时救济措施。禁令一经作出立即生效，是以非暂时性、非保全性的方式，对民事主体的人格权进行快速救济的制度。

人格权禁令制度的确立和完善为生态环境保护禁止令制度的实施起到了积极的推动作用。总体而言，《民法典》第9条规定的绿色原则，为生态环境保护禁止令制度的实施提供了首要的大前提条件。具体来讲，人格权可分为物质性人格权和精神性人格权。其中，生命权、身体权、健康权为典型的物质性人格权，脱离了生命和身体这一载体，任何权利都无法单独存在，因此物质性人格权是享有其他民事权利的前提和基础,对物质性人格权的保护往往处于最重要的地位。

近年来,因环境污染、生态破坏导致人格权受到侵害的现象屡见不鲜。有学者主张,环境权益具有物质性人格权的属性,环境权益与人的尊严、自由和健康之间的关系为环境权的核心要素,应将环境权作为新型人格权规定在《民法典》人格权编之中,以加强对环境权益的保护。[1]由于生态环境侵权的损害后果通常以危害自然人生命健康的形式出现,进而侵害其人身自由和人格尊严,因此,自然人可向法院申请出具生态环境保护禁止令,保护其环境权益。同时,人格权不仅包括个人的环境权益,也涉及公共环境利益。保护生态是全社会的共同责任,公共环境利益关乎所有公民享有的权益,当危及公共环境利益时,亦可以人格权为请求权基础,向法院申请生态环境保护禁止令。

综上,在我国人格权禁令与生态环境保护禁止令密切相关。人格权禁令制度可以为生态环境保护禁止令的适用提供实体法依据。相比行为保全的诉讼程序,人格权禁令更适合于正在受到侵害或者将要受到侵害的人格权益的保护。[2]

在实践中,人格权禁令作为一项独立的程序,可以对将来发生的生态环境侵权行为产生一定的威慑作用,具有对生态环境侵权行为进行及时遏制的效率价值,有利于快速、及时制止环境污染和生态破坏行为,能够及时有效地发挥保护当事人的作用,防止损害范围的扩

---

[1] 参见杨朝霞:《论环境权的性质》,载《中国法学》2020年第2期,第280页。刘长兴:《环境权保护的人格权法进路——兼论绿色原则在民法典人格权编的体现》,载《法学评论》2019年第3期,第162页。

[2] 参见秦天宝:《〈民法典〉背景下环境保护禁止令的法教义学展开——基于人格权禁令制度的考察》,载《政法论丛》2022年第1期,第81页。

大。针对我国司法实践中环境保护禁止令适用标准不统一、适用效果不佳的现状,应结合我国现有法律规定,重新审视人格权禁令制度的法律属性,以环境权益所具有的人格权属性为基础,将人格权禁令制度作为申请生态环境保护禁止令的实体法依据,建立以人格权禁令为基础的生态环境保护禁止令制度。

（二）我国生态环境保护禁止令的实施现状

我国《民事诉讼法》规定了行为保全制度,早期的环境保护禁止令是对以保护环境为目的的行为保全制度的沿袭,曾有地方法院将该制度称为"环境保护临时禁令"或"环境保护禁止令"。[①]《民事诉讼法》第103条、第104条及其司法解释成为当时法官适用环境保护禁止令的法律依据。自《民法典》颁布实施以来,在绿色原则的引领下制定了一系列生态环境保护制度,针对由环境污染、生态破坏等原因对公民可能造成的身体、健康、生命损害等问题提供了民法上的保护。虽然《民法典》未对环境保护禁止令作出明确规定,但由于环境权益具有一定的人格权属性,《民法典》第997条规定的人格权禁令兼具实体与程序效力,可为环境保护禁止令的实施提供实体法基础。

关于地方立法与司法现状,2011年重庆市高级人民法院首次提出"环境保护禁止令"这一称谓,其后为各地方法院所沿用。地方法院将该制度称为"禁令""环境保护司法诉前禁令"等,并规定提起环境公益诉讼时,申请人可以民事裁定的形式做出行为保全,向法院提出申请环境保护禁止令,以阻止环境侵权行为的发生。2012年,贵阳市中级人民法院进一步细化了环境保护禁止令的适用范围、

---

① 参见王晶:《环境保护禁止令之适用审视》,载《甘肃政法学院学报》2019年第2期,第147页。

适用程序、法律效果和执行主体之规定。最高人民法院于2014年提出了以预防为主的基本方针，为降低环境风险发生的可能性和造成破坏的程度，应采取事前预防措施。2015年出台了《环境侵权责任纠纷解释》，确立了以行为保全为制度基础的环境保护禁止令的适用规则。此后，经过若干年地方法院实践经验的积累与总结，最高人民法院于2021年12月发布了《生态环境侵权禁止令规定》，对生态环境侵权禁止令措施在法律依据、适用主体、适用范围等方面进行了全方位细化规范。

该司法解释的实施有利于进一步规范我国的生态环境保护禁止令制度，其适用呈现出以下特点：首先，在我国，禁令的适用区间被划定为诉前和诉中，而非脱离诉讼程序进行独立的禁令申请程序，只能通过诉讼程序中判决或裁定的方式进行终局裁决。其次，该制度仍然是建立在行为保全的框架内，由于其受到程序结构的限制，以及实质性审查、诉前强制担保的限制，行为保全制度作为一种临时性救济措施，其法律效力有限。尤其是在处理特定或复杂案件时，许多地方存在不同的判决标准，使得法官难以形成明确的判断准则和有效的参照，从而难以达成一致意见。就制定主体而言，相关环境保护禁令的条款多为各地法院制定的"实施办法（试行）"或"意见"。就适用法律依据而言，有的法院适用《民事诉讼法》第103条、第104条，有的法院适用原《环境侵权责任规定》第12条。就申请阶段来看，有的禁止令为诉前申请，有的禁止令为诉中申请，还有的禁止令既可在诉前申请，也可在诉中申请。此外，只有在辖区内的人民法院才会对其起到制约或规制的效果，而在辖区以外的法院则会受到较小的限制，或者说没有任何的约束。最后，某些侵权行为极有可能对生态环境造成永久性破坏，对社会造成无法弥补的损失，但由于适用难度大、适用成本高等不确定因素的存在，很大程度上限制了生态环境保护禁止令功能的发挥。

（三）生态环境保护禁止令在适用中存在的问题

生态环境保护禁止令作为一项预防性措施，具体表现为通过实施停止侵害请求权，预先避免环境污染和生态破坏行为的发生。在生态环境侵权案件中，申请人一般是基于停止侵害、排除妨害、消除危险等责任表现形式寻求事前救济，对于请求权基础问题，相关法律中并无明确规定。综合上述适用现状可知，我国生态环境保护禁止令在适用中存在两个突出问题，一是生态环境保护禁止令的请求权依据在学理上尚未形成统一认识，二是与生态环境保护禁止令相关的法律规定尚未形成统一体系。因此在司法实践中，地方法院往往不确定以何种请求权为依据，从而限制了生态环境保护禁止令作用的发挥。

生态环境保护禁止令制度具有一定的特殊性，虽然包含了禁令制度的社会化生态责任和填补性损害责任的特征，但其本身也存在一定局限性，难以从根本上遏制环境污染和生态破坏行为。尽管现行法律及其司法解释规定的禁止令保全措施表面上能够起到预防侵权行为发生的作用，但若干规定仅仅停留在立法层面，在司法实践中并未得到充分实施。

具体而言，目前我国生态环境保护禁止令在法律适用层面缺乏可操作性，法律规定的不统一又进一步限制了生态环境保护禁止令作用效果的发挥。例如现行的若干生态环境保护禁止令是由地方各级法院通过"办法""规定""指引"等形式制定的，这些形式只对自身管辖范围内的人民法院具有约束力，对于跨区域、跨流域的生态环境侵权纠纷案件影响较弱，既难以契合环境污染损害的跨区域性特征，又极易导致地方法院各自制定执行标准，最终形成不同的法律适用效果。

与此同时，环境污染、生态破坏问题的跨区域性特征又使得生态环境保护禁止令的实施受到了管辖范围的限制。针对跨区域、跨流域的生态环境侵权纠纷案件，生态环境保护禁止令无法发挥出应有的制度价值，导致法律适用不统一。各地方法院之间也无法提供清晰的裁判标准，由此阻碍了司法信息的交流和沟通。即使同一地区法院的法官在审理案件时也难以达成共识，这些现实问题的存在严重影响到生态环境保护禁止令的实施效果。因此，在最高人民法院司法解释的引领下，还需要对地方法律法规进行系统化、标准化的制度设计，以促进生态环境保护禁止令法律制度价值的实现。

五、多数人环境侵权责任承担的现实困境及其完善措施

现阶段健全我国生态文明制度体系，全方位、全地域、全过程加强生态环境保护，有赖于生态环境法律规范充分发挥其救济、预防、威慑、协调等功能。损害赔偿作为生态环境侵权最主要的责任承担方式，不仅是救济受害人，还是维护社会公共利益最行之有效的途径。然而，以目前我国法律制度体系之下的生态环境侵权责任的承担规则来看，在实施过程中仍面临若干现实困境，应从扩充责任主体范围、建立健全责任追究方式、适时调整惩罚性赔偿制度的应用空间等方面考虑实施相应的完善措施。

（一）对应请求权主体适当扩充责任主体之范围

发生环境污染和生态破坏侵权纠纷，如何确定双方主体，即应该由谁提出损害赔偿请求？由谁承担责任？此为多数人环境侵权责任制度需明确的首要问题。依据我国现行法律规范的设置，环境侵权责

任可类型化为环境私益侵权责任和环境公益侵权责任。污染环境、破坏生态，如果损害了自然人、法人或者非法人组织等民事主体享有的人身或财产方面的权益，像饮用清洁水、呼吸清新空气、拥有稳静生活等环境权益，即构成环境私益侵权责任。如果违反国家规定污染环境、破坏生态，使生态环境正常的服务功能受到减损或丧失，则构成环境公益侵权责任。在司法实践中，污染环境、破坏生态的侵权行为既有可能对生态环境造成损害，也有可能给他人人身、财产造成损害。因此，环境私益损害和环境公益损害常常会同时存在。与此相应的两种环境侵权责任形态，即环境私益侵权责任和环境公益侵权责任，也存在密切的关联和重合，进而使得环境私益诉讼和环境公益诉讼在分立的同时又存在高度的融合性。[①]

基于私益与公益的区分，环境私益侵权中的请求权主体通常是自然人、法人以及非法人组织，环境公益侵权中的请求权主体是国家规定的机关和法律规定的组织。为正确审理生态环境损害赔偿案件，严格保护生态环境，依法追究损害生态环境责任者的赔偿责任，最高人民法院于2019年制定了《关于审理生态环境损害赔偿案件的若干规定（试行）》，从而建立了较为完善的生态环境损害赔偿及其诉讼制度。2020年《民法典》第1234条和第1235条作为新增条款，共同确立了环境公益侵权责任的基本规则，明确把生态环境公共利益纳入我国侵权责任法的保护对象，规定了环境公益侵权责任的特殊要件、修复和损害赔偿责任的承担以及环境公益损害的民事救济请求权主体。《民法典》将环境公益侵权请求权主体明确为国家规定的机关和法律

[①] 参见最高人民法院民法典贯彻实施工作领导小组主编：《中华人民共和国民法典侵权责任编理解与适用》，人民法院出版社2020年版，第507页。

规定的组织两大类型。国家规定的机关，是指法律、国家政策和行政法规、部门规章、地方法规以及司法解释规定的有权提起环境公益诉讼和生态环境损害赔偿诉讼的国家机关。国家规定的机关主要包括以下两类，一是国家行政机关，例如《最高人民法院关于审理生态环境损害赔偿案件的若干规定（试行）》第1条规定的省级、市地级人民政府及其指定的相关部门、机构或者受国务院委托行使全民所有自然资源资产所有权的部门，《民事诉讼法》第58条第1款中的"法律规定的机关"。[①]二是国家检察机关，例如《民事诉讼法》第58条第2款规定的"人民检察院"。[②]法律规定的组织，是指在污染环境、破坏生态的行为损害社会公共利益的情形下，依据法律规定有权提起民事公益诉讼的组织。例如符合《民事诉讼法》第58条第1款以及《环境保护法》第58条规定的社会组织。[③]

多数人环境侵权纠纷中的责任主体主要包括侵权行为人、有过错的第三人以及责任保险机构。例如《环境保护法》第42条中的"排放污染物的企业事业单位和其他生产经营者"。其次，"有过错的第三人"

---

① 《最高人民法院关于审理生态环境损害赔偿案件的若干规定（试行）》第1条规定，省级、市地级人民政府及其指定的相关部门、机构，或者受国务院委托行使全民所有自然资源资产所有权的部门……可以作为原告提起生态环境损害赔偿诉讼。《民事诉讼法》第58条第1款规定，对污染环境、侵害众多消费者合法权益等损害社会公共利益的行为，法律规定的机关和有关组织可以向人民法院提起诉讼。

② 《民事诉讼法》第58条第2款规定："人民检察院在履行职责中发现破坏生态环境和资源保护、食品药品安全领域侵害众多消费者合法权益等损害社会公共利益的行为，在没有前款规定的机关和组织或者前款规定的机关和组织不提起诉讼的情况下，可以向人民法院提起诉讼。前款规定的机关或者组织提起诉讼的，人民检察院可以支持起诉。"

③ 《环境保护法》第58条第1款规定："对污染环境、破坏生态，损害社会公共利益的行为，符合下列条件的社会组织可以向人民法院提起诉讼：（一）依法在设区的市级以上人民政府民政部门登记；（二）专门从事环境保护公益活动连续五年以上且无违法记录。"

在《民法典》第1233条与《生态环境侵权责任解释》第18条，以及相关环境保护单行部门法中都有明确提及。另外，在环境污染责任保险法律关系中，根据保险人（保险公司）与被保险人（污染者）订立的责任保险合同，由保险人对环境污染事故承担赔偿责任，故受害人可基于保险代位权向保险人追究赔偿责任。[1]由此看来，环境侵权责任主体的确定遵循了"污染者负担原则"与"第三人过错责任原则"。

然而现实中环境侵权损害赔偿责任的全面履行往往依赖于有资力的污染者、第三人或责任保险公司，而一部分潜在的责任主体却被忽视，降低了受害人获得足额赔偿的概率。以联合企业排污致人损害为例，假如就联合企业的成立、选址而言，若未经过事前科学严谨的规划就仓促实施建设，造成环境损害的后果，其过失不仅存在于企业本身，也可能涉及制定产业政策的国家和实施经济规划布局的地方政府，那么通过诉讼手段追究国家或地方行政机关的责任，从而督促政府有所作为，对抑制环境污染、防止生态破坏都是具有积极作用的。

因此，在多数人环境侵权损害赔偿责任纠纷中，相对于已被扩充范围的请求权主体，责任主体范围也应该被考虑加以适当扩充。责任主体上的限制，在一定程度上也限制了承担损害赔偿责任的路径，使有限的责任者经济负担加重，不利于生产经营活动的持续运行，由此将导致当地经济收入下降，最终影响到该地域居民的生活质量。比较域外司法实践，环境侵权责任主体亦呈现出多样化的趋势，不仅包括企业，还有可能为国家或国际机构，责任承担方式也趋向于多元化。

---

[1]《环境保护法》第52条规定了国家鼓励投保环境污染责任保险，以此作为我国环境责任保险制度构建的基础。《关于开展环境污染强制责任保险试点工作的指导意见》（环发〔2013〕10号）明确规定环境污染责任保险试点投保企业范围，规范环境污染责任保险条款，确定环保部门和监管部门在环境污染责任保险制度中的职责。

那么在传统的损害赔偿责任承担路径之余，通过适当扩展责任主体范围，明确在何种具体条件下可以认定国家、行政机关或相关机构的损害赔偿责任，在一定程度上可以解决当前责任承担路径不足之难题。

（二）多种救济途径弥补责任追究不到位的问题

发生环境污染、生态破坏责任事故，损害赔偿范围如何确定？此为多数人环境侵权责任规范需解决的另一重要问题。首先，基于环境侵权本身具有的隐秘性、复杂性特点，损害程度往往难以准确测算。虽然完全赔偿是侵权责任法所追求的目标，但从以往的经验来看，侵权法在很大程度上不可能对受害人实现全部赔偿，这是制度本身的局限性所导致的。由于损害赔偿方式、标准具有不确定性，在司法实践中经常会出现同类型的环境侵权责任事故，赔偿额却不一样的现象，这无疑又增加了责任追究的难度。除此之外，从环境侵权损害赔偿诉讼本身来看，无论是私益诉讼还是公益诉讼，其诉讼过程均极为漫长，然而其损害后果却不会因诉讼的结束而消失，例如对生态环境的修复、防止污染的复发、受害人现实利益与逸失利益的救济，等等，都是需要持续关注的问题，如此又增加了制度运行的成本。其次，受害人自身法律意识淡薄同样会阻碍责任落实的进程。当受害人急于获得赔偿，而在现有法律规范下，赔偿过程却被无限期拖延时，受害人不得已会放弃原本应争取的全部赔偿而接受部分赔偿，以满足现实经济方面的需求，由此容易导致社会不公平现象的发生。最后，造成污染的企业本身赔偿能力有限，也在很大程度上限制了侵权损害赔偿责任的效果。除去少部分不计后果故意实施污染的企业以外，大多数中小企业的排污行为实属不得已而为之，或因规模小无专业技术支持，或因缺乏资金无力购买污染物处理设备。倘若受害人再向其寻求赔偿，即便有确定判决，也无法及时执行到位。除此之外，环境侵权领域中精神损害赔偿制度的缺位，诉讼时效制度中时间上的有限性，均会导致具体赔偿范围不明确，责任追究不到位情况的发生，令受害群体得不到有效的救济，从而易引发社会矛盾，成为社会不稳定因素之一。

由此可见，环境污染、生态破坏所导致的群体受害事件，单纯依靠诉讼追究企业的赔偿责任已无法满足全面救济受害群体的实际需要，通过追究政府机关、行政部门的监督缺失责任，同时引入公益团体、非政府组织、基金组织，扩大保证资金的来源渠道，将是解决因环境侵权损害赔偿范围有限而导致的责任追究不到位难题的有效措施。

（三）适时调整惩罚性赔偿制度的适用空间

就惩罚性赔偿制度本身的功能而言，不仅能起到对环境侵权责任者的制裁作用，同时也会对潜在的侵权行为人起到威慑作用，采取多角度措施避免环境侵权损害事件的发生。[1]《民法典》第1232条规定的环境污染和生态破坏侵权惩罚性赔偿责任制度，被认为是贯彻绿色环保理念、用更严格的法律制度保护生态环境的立法选择。[2]根据《民法典》第1232条规定，主观状态为故意的环境侵权行为人，在实施了造成严重后果的环境侵权行为之后，民法给予被侵权人要求侵权人承担惩罚性损害赔偿的请求权。这一规定的出台标志着我国在环境侵权责任领域中引入了惩罚性赔偿责任，并建立起初具雏形的环境侵

---

[1] 参见全国人大常委会法制工作委员会民法室编:《侵权责任法立法背景与观点全集》，法律出版社2010年版，第485页。

[2] 参见刘超:《〈民法典〉环境侵权惩罚性赔偿制度之功能剖辨》，载《政法论丛》2022年第1期，第87页。

权惩罚性赔偿制度，是对我国民法在环境侵权责任领域一直坚持的填平原则的突破。关于环境侵权惩罚性赔偿的构成要件，《民法典》第1232条规定并未涉及详细的认定标准。例如作为基本构成要件的故意和损害后果，其各自的判断标准如何？无法限定受害人获得的惩罚性赔偿额度，是否会助长受害人的投机行为，令加害人承担过重的经济负担？对此，《生态环境侵权惩罚性赔偿解释》均作出了回应。

然而，因环境侵权惩罚性赔偿责任作为一项新制度，在法律适用方面尚缺乏必要的实践经验，由于其适用范围的模糊，容易导致制度的滥用，令被侵权人要求的赔偿数额过高。虽然惩罚性赔偿制度有适用的必要性，但也不能无限制地提倡，有必要对适用条件和赔偿额度作出必要的限制。由于环境污染和生态破坏行为的恶劣性以及所致后果的严重性在不同的个案中存在显著的差异，因此，被侵权人要求的惩罚性赔偿金数额应当与侵权人的主观恶意、损害后果相当，与对侵权人造成的威慑相当。

虽然已有相对明确的法律规范，但笔者认为，基于生态环境侵权责任领域因素的不确定性，相关惩罚性赔偿的确定标准应在现行规定之下发挥适当的灵活性，由法院根据个案作出具体判定，法官可以决定最终裁判惩罚性赔偿金的额度。当然，这种自由裁量的负面影响可能在具体适用中出现赔偿金确定的随意性，从而导致司法不公的现象。因此，人民法院判令侵权人赔偿超出赔偿数额的额度，应与侵权人的主观恶意、损害后果的严重性、对侵权人的威慑力度等因素大致相当，并且应在裁判理由中加以详细说明。

具体而言，当务之急需明确环境侵权惩罚性赔偿制度的适用条件与适用范围。完善环境侵权惩罚性赔偿制度的适用条件，主要是为了约束法官在进行适用条件认定时的自由裁量权。参考美国司法经验，总结我国司法实践中的本土经验，我国侵权责任法研究领域应当形成规范统一的、具有中国特色的适用条件和判定标准，使环境侵权惩罚性赔偿制度更加规范、统一。例如考虑到对损害后果严重性认定中对技术的高要求，可以根据当地生态环境特征，制定出一套具体的对环境侵权损害事实进行评估的损害评估机制，并用于司法实践当中。或者将国家和地方的环境质量标准进行大方向上的统一，确保对环境侵权行为违法性的判断既能不偏离统一标准，又能因地制宜地兼顾地方生态环境存在差异的特殊性。在广义实践层面，我国应设置将环境私益诉讼与环境公益诉讼进行有序衔接的制度规范，为惩罚性赔偿金在环境公益诉讼中的适用提供理论支撑和相应的制度运行配套措施，将有助于现阶段严明生态环境责任、促进对生态环境的保护、推动生态文明建设的进步。

我国亦需要确立统一的生态环境侵权惩罚性赔偿金额的计算标准。当前中对生态环境侵权惩罚性赔偿金额的计算标准除了明确的基数和倍数以外，主要依赖于法官的自由裁量权。结合我国实际情况，并参考域外司法实践来看，我国应当在法律法规中对赔偿金数额的计算方法制定统一且有弹性的判断标准，在一定基数与倍数当中给予法官自由裁量权。法官在自由裁量的时候，除开法律规定的所应参考的因素之外，还可以考虑侵权人实施环境侵权行为后的认错态度、在造成损害后果后是否采取了补救措施以及侵权人自身的经济状况等因素。在给予被侵权人充分救济的同时，尽量保障实施过补救措施或事后认错态度良好的环境侵权人，在交付惩罚性赔偿金后的生产经营活动不会受到严重影响，以达到环境侵权惩罚性赔偿制度的审慎适用目的，又正确发挥其惩罚与预防的功能。关于环境侵权惩罚性赔偿金的归属问题，环境侵权惩罚性赔偿金应当归属被侵权人支配和掌握，但对于超出合理范围的部分，应当被列入用于生态环境修复的专款，实现对私益、公益的双重保障，而对合理范围的认定，应当参考被侵权人的诉讼成本以及生态环境修复成本进行综合判定。

（四）明确生态环境保护禁止令的实体法规范

1. 生态环境保护禁止令请求权基础应多元化

关于环境保护禁止令适用的请求权基础，目前我国法律及其司法解释均未有明文规定，理论界亦未形成定论。有学者认为禁令制度基于的是物权请求权，[1]有学者则认为是侵权请求权，[2]还有学者提出，应借鉴日本"二元说"理论，构建侵权请求权和人格权请求权的二元化环境保护禁止令。[3]《民法典》第997条规定的人格权禁令，是以人格权为基础的请求权，其属于一种实体法上的权利保障请求权，具有独立的人格权请求权属性，旨在维护权利主体对人身自由和人格尊严的自主控制，使权利人的合法权益受到充分的尊重和保护。

目前在我国的司法实践中，因生态环境损害而引发民事纠纷，一般基于物权请求权、债权请求权，提出对环境损害的预防性请求，但尚未有基于人格权请求权而提出的预防性请求的案例。然而，学界却早已存在将环境权视为人格权，以人格权为请求权基础的理念。而且关于人格权禁令在《民事案件案由规定》中也有明确的记载，学术界达成的普遍意见认为人格权禁令可以独立提出，而不必受到具体诉讼程序的约束。因此未来亦有可能会出现以人格权为请求权基础的生态

---

[1] 参见周友军：《我国侵权责任形式的反思》，载《法学杂志》2009年第3期，第19页。
[2] 参见崔建远：《绝对权请求权抑或侵权责任方式》，载《法学》2002年第11期，第43页。
[3] 参见刘明全：《环境诉讼禁令制度的法理与二元构建》，载《法商研究》2017年第6期，第120页。

环境损害纠纷案例。除此之外，鉴于我国现有的环境保护禁止令在救济时效性上的不足，可以通过引入适用具有独立性的人格权禁令来弥补。当生态环境遭受破坏，公众人身健康或财产受损时，被侵权人可以向法院申请人格权禁令，令侵权行为人立即停止正在实施或将要实施的侵权行为。因此，生态环境保护禁止令在适用中应形成以债权请求权为主，以物权请求权、人格权请求权为辅的多元化的请求权基础，尤其是通过直接引入人格权禁令，可以更有效地发挥在生态环境侵权纠纷中的预防作用。

2. 生态环境保护禁止令的法律规范应统一化

目前，尽管生态环境保护禁止令在司法实践中积累了一定的经验，关于禁止令的法律文书表现形式也有明确规范，但是在具体的生态环境侵权案件的审理过程中，生态环境保护禁止令对《民事诉讼法》《行政诉讼法》等程序性法律规范的适用仍会受到一些特定因素的限制，尤其是大量地方性规章制度的存在，其虽顾及了生态环境保护禁止令在适用中的地域性因素影响，但也容易导致地方法院在审判案件时各自为政，而出现同案不同判的现象，因此有必要通过设置统一的法律规范，统合生态环境保护禁止令的适用标准，以确保其适用过程不仅公正，而且能够保持一致性，增强司法公信力。

完善生态环境保护禁止令的执行程序也应当通过统一法律规范来实现。法律位阶与法律适用的统一是落实司法公正的先决条件，虽然最高人民法院颁布的《关于生态环境侵权案件适用禁止令保全措施的若干规定》已对我国的生态环境保护禁止令制度做出了详细说明，但由于其法律位阶的限制，仍无法在地方法院的案件审理中发挥其应有的作用。若将此司法解释上升为法律，则案件的处理就可以适用统一性的规则。当然，要提升生态环境保护禁止令司法解释的法律地位，需根据《中华人民共和国立法法》的规定制定法律。然而考虑到立法活动具有制定成本高和周期长等现实问题的存在，现阶段与其构建一套统一的制度适用规则，不妨先由环境资源审判庭以指导性案例的形式定期发布，适时制定专门的、统一的规定，加强与地方法院的业务交流，将实践中的环境诉讼程序规则进行统一规范，进而过渡到专门的环境诉讼法之中，最终以法律的形式落实到《生态环境法典》。

（五）创新改进推动绿色发展的立法观念

鉴于依然严峻的环境形势，现阶段我国生态环境保护任务依然艰巨，与之有关的立法、司法理念亦发生了历史性、转折性、全局性的变化。我们应当以党的二十大精神为指引，明确要求全方位、全地域、全过程加强生态环境保护，健全生态文明制度体系，推动绿色发展，促进人与自然和谐共生。在现有法律规范的基础上，全面贯彻生态环境损害责任追究制度，[①]遵循损害担责原则，落实全面赔偿，建立健全既有的环境修复、惩罚性赔偿、环境责任保险等制度。这是可持续发展理念在我国立法上的集中体现。同时期的法律及司法解释以及相关立法活动，通过对具体法律规则的修改与实施，也最大限度地明确了生态环境侵权损害赔偿责任的认定标准与承担方式。然而不能否认的是，侵权法规范因其制度上的局限性，并不能有效遏制环境损害的发生。通过使污染者承担损害赔偿责任，令其对将来的行为尽到注意义务，防止环境损害后果的出现，是侵权法本身威慑功能的体现，但在某些情况下，侵权行为人即使意识到排污行为的违法性，出于经济利益、政策因素等的考量，并不会倾尽全力赔偿受害群体。而受害人出

---

① 参见《党政领导干部生态环境损害责任追究办法（试行）》，人民出版社2015年版。

于厌讼情绪，或因损失微小不愿寻求救济，或因无法确定权益是否受损而不愿寻求救济，也无疑会令责任追究进程陷入停滞。此时，将不能承担的部分责任转移至社会，利用社会保障制度对受害者进行损失填补，提高获得救济的可能性，令受害人最终得到完全赔偿，同时减轻环境侵权行为人的经济负担，即是损害赔偿社会化的体现。显然我国尚缺乏对生态环境侵权损害赔偿社会化观念的提倡与实践。

当前以《民法典》为代表的私法规范之功能已不再局限于私益保护的范畴，应该融入公益维护的理念，生态环境侵权损害赔偿社会化理论亦应当作为传统侵权理论体系的必要延伸。目前在我国明确提出的救济途径包括责任保险制度与环境损害赔偿基金制度，[1]但是对社会保障制度能否在生态环境侵权损害赔偿中发挥作用尚未涉及。鉴于已有国家完全采用社会保障制度来代替侵权法对受害者实施救济的先例，且取得较好的效果，因此我国应在一定程度上引入损害赔偿的社会化理念，在建立健全环境责任保险制度与环境损害赔偿基金制度的同时，重视其他社会化的救济途径，在不能履行对受害者的完全赔偿时，采取相应措施进行后续的补偿。

---

[1] 例如1997年我国财政部与中石化联合出台了新的《中国石油化工总公司安全生产保证基金管理办法》。

第三章　多数人侵权制度的日本法考察

第一节　多数人侵权的基本构造

在日本法中，多数人侵权行为主要由共同侵权行为和竞合侵权行为构成，分别对应《日本民法典》第719条与第709条。对于损害的发生，如果存在多个加害人的话，其赔偿责任的认定首先适用的是《日本民法典》第719条关于共同侵权行为的规定："因数人共同实施侵权行为施加损害于他人时，各自连带负其损害赔偿责任；不能得知共同行为人中何人施加损害时，亦同。教唆及帮助行为人者，视为共同行为人，适用前款规定。"[1]根据该条文的结构，可将共同侵权行为划分为三种类型，即第1款前段规定的"狭义的共同侵权行为"，第1款后段规定的"加害人不明的共同侵权行为"，又称"准共同侵权行为"，以及同条第2款规定的"教唆、帮助型共同侵权行为"。在多数人侵权理论研究成果中，共同侵权行为论占据了相当大的比重，日本学界关于多数人侵权行为的解释论也主要围绕《日本民法典》第719条所展开。

---

[1] 日本法中的"共同侵权行为"不同于中国法中的"共同侵权行为"，两者在范围、结构、内容等方面均存在显著差异。

一、《日本民法典》第719条的立法宗旨

（一）从旧民法第378条到现行民法第719条的法意变化

现行《日本民法典》第719条原本是由旧民法财产编第378条修订而来。[①]当时在德国法的影响之下，旧民法第378条规定的内容呈现出如下特征：第一，该条不仅规定了共同侵权行为的情形，而且还包括多数加害人对他人造成同一损害而需承担责任的情形。第二，在"过失或懈怠部分"不明的情形之下，各加害人需要负担全部义务。[②]反过来讲，若各加害人的过失或懈怠部分已明确，则不产生全部义务，各侵权行为人仅对自己的过失或懈怠部分承担责任。第三，根据旧民法第378条规定，以恰似"代理关系"的共同性之有无为标准区别责任承担中的全部义务与连带债务，当不存在这种相互"代理关系"之时，即加害人之间没有共谋之类的主观上的结合时，各加害人针对同一损害只能产生全部义务。[③]

[①] 旧民法财产编第378条规定："在本节规定的所有情形之下，数人对同一行为应承担责任时，当无法得知各自的过失或懈怠部分时，各自负担全部义务。但是，在共谋的情形下，该义务为连带责任。"该条原是模仿德国民法第2草案第753条（《德国民法典》第830条的前身）而制定的。

[②] 所谓全部义务指的是，数个债务人各自独立的基于固有的法律上的原因，各自负担全部给付义务的情形。因其不存在债务共同关系，故不能适用分割责任的相关规则。在法国法中，通常将不真正连带债务称为全部义务。《法国民法典》制定之后，把连带之规定区分为两种情形，一是完全连带，二是不完全连带。其中，关于不完全连带，普遍承认其相对效力。那么，当多数债务人各自负全部的给付义务，因其中一人履行了清偿，其他人的债务得到免除，这究竟属于何种法律关系呢？判例起先将其解释为连带债务，此后形成的通说认为非连带债务，而是全部义务，且此种主张一直延续至今。连带债务与全部义务相比，对债务人而言属于更加严格的义务。参见［日］淡路刚久：《连带债务研究》，弘文堂1987年版，第16页。

[③] 参见［日］能见善久：《共同不法行为责任的基础考察（二）》，载《法学协会杂志》1977年第94卷第8号，第1227页。

此后，伴随着对旧民法的全面修正，与侵权行为有关的规定发生了很大的变化。追溯到当初的立法阶段，日本民法的起草人首先对什么是共同侵权行为进行了初步探讨，从当时起草人所做的若干说明可以看出，《日本民法典》第719条之规定的立法宗旨。作为起草人之一的穗积陈重关于本条之功能认为，本条是确定因侵权行为所发生的债务之性质的规定。[1]也就相当于明确指出《日本民法典》第719条与旧民法财产编第378条均为共同侵权行为责任之性质的规定。

在法典调查会上，针对横田国臣委员的疑问，即《日本民法典》第719条第1款前段"共同的侵权行为"中的"共同"究竟所指何意？穗积陈重回答："共同的侵权行为指的是，数人实施某项行为，行为的目的或结果属于同一权利侵害。"因此，第719条第1款前段中的"共同"并不仅限于共谋。关于本条第1款后段中的"共同"的含义也引发了多方争论，穗积陈重对此作出的解释为："后段是指即使在事先共谋之际，数人实施了同一行为，例如去殴打别人，且知道实际上确实有人实施了殴打行为，但无法判断是谁的殴打行为导致了受害人的损害的情形。如果只是一个人的话通常是不会实施这种行为的，但人数一多就基于集团心理实施了侵权行为。第719条其实并没有区分第1款前段中的'共同'需要合意，而后段中的'共同'无需合意。"[2]另一起草委员梅谦次郎则以多数人同时向某人家投石为例，其中一块石头得以命中，但无法获知是谁所扔，在这种情形下，相当于所有扔石头的人都有可能引起相同的损害后果，故全员应承担损害赔

---

[1] 参见［日］法务大臣官房司法法制调查部监修：《日本近代立法资料丛书5 法典调查会民法议事速记录五》，商事法务研究会1984年版，第393页。

[2] 参见［日］法务大臣官房司法法制调查部监修：《日本近代立法资料丛书5 法典调查会民法议事速记录五》，商事法务研究会1984年版，第397页。

偿义务。① 由此看出，第719条第1款后段中的"共同"的含义相比第1款前段中的"共同"的含义要更加广泛，但是关于两者具体的区别，起草者们最终却并未有所定论。对此，箕作麟祥认为，第719条第1款后段的语言表达尚未完善，还需进一步思考。②

从上述立法委员的观点看，关于《日本民法典》第719条的法意至少达成了如下意见，即第1款前段的"共谋"不是必备要件，还应包括侵权行为人之间存在主观意思上的关联，也就是行为人应对实施的侵权行为的本身有共同的认识。而第1款后段的"共同行为"与前段的"共同行为"有着本质上的区别，不仅没有前段那种共同的意思，甚至包括各独立的行为存在客观上的共同关系的情况，起草人以发生大规模暴行为例，说明第1款后段的立法宗旨具有公益性质，即主要立法目的是避免受害人陷入举证证明困难的境地而导致的救济不能。

（二）当时的学说

在《日本民法典》颁布之际，学者针对共同侵权行为积极开展了解释论研究。同时期代表性学者岗松参太郎主张应把《日本民法典》第719条第1款前段的成立要件区分为主观要件和客观要件。关于主观要件，要求行为人之间具有"联合"的关系，这种"联合"并非限制要求为故意，而是指相互认识到了对方的行为，即各行为人知道其他人所为的行为性质，且具有共同行使的意思。关于客观要件，要求

---

① 参见［日］梅谦次郎：《民法要义卷之三·债权》，有斐阁1911年版，第907页。
② 参见［日］法务大臣官房司法法制调查部监修：《日本近代立法资料丛书5 法典调查会民法议事速记录五》，商事法务研究会1984年版，第396页。

各自实施了侵权行为,但却没有明示各行为人是否必须满足《日本民法典》第709条规定的一般侵权行为的要件。在法律效果上,只要具备了上述主客观要件,侵权行为人应各自承担全额赔偿责任。[1]

横田秀雄则将共同侵权行为的成立要件作出了更加宽泛的解释,认为各侵权行为人之间的共同意思并非成立共同侵权行为的必要条件,应把共同侵权行为的成立情形区分为各行为人之间存在共同意思的情况和各行为人之间不存在共同意思的情况,进而将《日本民法典》第719条第1款前段的成立要件具体化为三项,一是各侵权行为与损害之间存在因果联系,二是多数人的行为形成联合的关系,三是此种联合行为产生了同一损害后果。[2]

末弘严太郎同样认为应扩大共同侵权行为的成立范围,其把共同侵权行为定义为数人参与实施了造成同一损害的行为。各侵权行为人之间不必存在共谋,但是需要具备与损害有关的因果关系。具体而言,当行为人之间存在共同的意思时,每个行为人应对全部损害承担责任;当行为人之间不存在共同的意思时,只对由自己引发的损害承担责任。[3]

由此可见,在早期立法阶段,关于《日本民法典》第719条第1款前段之规定,学者普遍支持应以共同行为为媒介,以缓和各侵权行为和损害结果之间的因果关系证明难度的见解。在对本质要件"共同行为"的理解上,多数学者同意各侵权行为人之间并不需要共谋,

---

[1] 参见[日]岗松参太郎:《注释民法理由(下卷)》,有斐阁1897年版,第492页。
[2] 参见[日]横田秀雄:《债权各论》,清水书店1912年版,第885页。
[3] 参见[日]末弘严太郎:《债权各论》,有斐阁1920年版,第1099页。[日]松原孝明:《关于共同侵权行为关联共同性要件的再探讨(二·完)——从日德通说的形成过程看对现在解释论的启示》,载《上智法学论集》2005年第48卷第2期,第48页。

只要其在实施侵权行为时有客观上的共同即可。这种学说（客观共同说）成为此后的通说，并广泛应用于判例之中。根据《日本民法典》第719条第1款后段条文的规定，其适用中问题点集中于两方面：一是"共同行为人"的意义和范围；二是在加害人不明的情形下有无减免责任的可能性。多数学说均认同，第719条第1款后段的功能在于，当数个行为人实施了危险性行为造成损害时，可以推定侵权行为与损害后果之间具有因果关系，因此应对"共同行为人"作出宽泛的解释，允许共同行为人通过举证证明不存在因果关系而主张减责或免责。

时至今日，《日本民法典》第719条仍然属于存在诸多争议的条文，而且共同侵权行为论也是侵权行为法理论研究中争论较多的领域，究其原因亦可追溯到当初立法阶段所遗留的若干问题，具体有两方面：一方面是日本民法起草者在立法阶段并没有明确第719条的意义，加之当时相关判例的数量不多，最终没有厘清第719条第1款前段与后段之间的适用关系，在文字表达上也没有明晰共同行为之含义上的区别，以致在很大程度上影响到后来的法律实务与理论研究状况。另一方面则是在参考外国法时并未对相关法律制度进行全面继受。原本旧民法第378条规定就是参考德国民法草案而来的，《日本民法典》第719条也与《德国民法典》第830条规定高度相似。[①]《德国民法典》关于多数人侵权的直接相关规定除了第830条的共同侵权行为之外，还有第840条的多数人侵权责任，但是《日本民法典》却

[①] 《德国民法典》第830条规定："二人以上共同实施的侵权行为引起损害的，每一个人就损害负责任。不能查明两个以上参与人中孰以其行为引起损害的，亦同。教唆人和辅助人，视为共同行为人。"

并未设置如《德国民法典》第840条那样的类似条款。[①]因此,这也是日本共同侵权行为论在法律效果方面的解释始终无法达成一致的最主要原因。理论研究未有定论,针对构成共同侵权行为的案例类型却逐年增多,且愈加纷繁复杂,由于价值判断和政策性的考量,某种学说主张对某种类型事例的解决方法未必适合于其他类型的事例,故在司法实践中试图适用完全统一的判断标准是无法实现的,在多数人侵权的总体框架之下对共同侵权行为进行类型化研究才是应对不同案件的最优解决方式。

二、多数人侵权行为的类型

因日本民法没有设置关于多数人侵权的条文规定,以至于多数人侵权行为的类型并没有形成统一的体系,在研究领域,虽然根据不同的问题和学说主张对多数人侵权行为作出了类型划分,但至今未有定论。通过总结,主要有以下五种获得公认的多数人侵权行为类型。

(一)主观共同型的多数人侵权行为

主观共同型的多数人侵权行为是指,多数侵权行为人基于相互之间意思上的联络而共同实施了加害行为,造成他人损害。根据侵权行为人之间主观意思的关联度不同,又可进一步区分为三种类型。第一种为共谋型,即各侵权行为人基于共通的意思实施的加害行为。第二

---

① 《德国民法典》第840条规定:"二人以上一同就因侵权行为而发生的损害负责任的,作为连带债务人负责任。他人也与依照第831条、第832条就该他人所引起的损害负义务的人一起,就损害负责任的,在他们的相互关系中,该他人单独负有义务,在第829条的情况下,监督义务人单独负有义务。第三人与依照第833条至第838条负损害赔偿义务的人一起,就损害负责任的,在他们的相互关系中,该第三人单独负有义务。"

种为共同认识型，即各侵权行为人对与他人共同实行行为有着基本的认识，并在此前提下实施了加害行为。例如甲、乙相约飙车期间，甲撞伤了丙。虽然乙并未撞到丙，但因对相约飙车这一行为有共同的认识，应当与甲共同承担侵权责任。又如A、B共同经营一家体能训练机构，作为培训教师的B在训练过程中殴打学员，则A应与B一同承担的侵权责任。第三种为教唆或帮助型，即教唆或帮助他人实施侵权行为的情形。此种类型可明确适用于《日本民法典》第719条第1款前段和第2款的规定。

（二）加害人不明型的多数人侵权行为

加害人不明型的多数人侵权行为指的是，多个行为人均实施了侵权行为且导致他人损害，但无法得知真正的加害人是谁的情形。例如甲深夜醉卧于路中央被汽车碾轧致死，由于所处监控死角并未拍摄到具体的致害车辆，仅能显示出在此时间段内先后有三辆车经过此地，那么除非这三辆车能举证证明自己并非真正的加害人，否则应承担致甲死亡的全部赔偿责任。此种类型可明确适用于《日本民法典》第719条第1款后段的规定。

（三）独立侵权行为竞合型的多数人侵权行为

独立侵权行为竞合型的多数人侵权行为是指，多个侵权行为偶然竞合造成同一受害人损害的情形，因其加害行为各自独立，损害各自独立，亦可以确定各加害行为与损害之间存在事实上的因果关系。例如甲在驾驶车辆过程中突然紧急刹车，导致乙驾驶的后车与其追尾相撞，乘坐乙车的丙情绪激动，对甲车辆进行打砸，还将甲拖出车辆实施殴打。对于甲的损害，乙、丙应各自承担侵权责任。此种类型可明确适用于《日本民法典》第709条关于一般侵权行为的规定。

（四）客观共同型的多数人侵权行为

客观共同型的多数人侵权行为是指，多数侵权行为人之间存在客观上可将加害行为评价为一个整体行为的关系，从而因实施侵权行为造成损害而承担责任的情形。具体可进一步划分为两种类型：一是加害行为一体型，即各加害行为总体上可被看作一个行为的情况。例如甲在驾驶汽车行驶期间被突然出现的乙车相撞，导致乘坐甲车的丙重伤。甲与乙应共同对丙的损害承担侵权责任。二是利益共同体型，即各侵权行为人基于共同的行为而获得利益，因此可将其评价为一个行为的情况。例如X1、X2同为某一地域的化工企业，因排放大气污染物质被当地居民起诉请求损害赔偿，因X1、X2之间具有控股关系，故应共同承担侵权责任。此种类型虽然在救济受害人的政策性目的之下被纳入《日本民法典》第719条第1款前段的适用范围之内，但在适用的限度上，以及在因果关系拟制前提下的责任减免方面仍存在诸多争议。

（五）损害一体型的多数人侵权行为

损害一体型的多数人侵权行为是指，数个行为人实施的加害行为造成了同一个损害结果的情形。例如A、B、C三家企业分别排放了污染物质导致当地农作物受害，虽然其排污的加害行为各自独立，但损害后果具备一体性，只是各加害行为与损害后果之间的事实因果关系所及的范围不明，也许针对全部损害具备因果关系，也许只对部分损害具备因果关系，即加害人对于受害人权利受到侵害的全过程而言只是参与了其中的一部分。因此损害一体型的多数人侵权行为又可进一步区分为累积型侵权行为和部分参与型侵权行为两类。然而，其在法律适用方面却存在诸多争议，根据不同的情况，《日本民法典》第709条与第719条第1款后段规定所及的适用范围亦不相同。

第二节　共同侵权行为论

原本作为"侵权行为"根基的《日本民法典》第709条，[①]其规定的"一般侵权行为"之成立，以故意·过失、因果关系、权利侵害、违法性等要件的存在为必要。与一般侵权行为相比，共同侵权行为最突出的特点在于因果关系的证明方面，以减轻举证难度为目的，对全体共同侵权行为人科以全部赔偿的连带责任。下面举例说明共同侵权行为的构成要件。

甲、乙、丙三人实施了侵害丁民事权益的行为且造成了损害，丁以甲、乙、丙为共同被告请求损害赔偿。设例中，丁只有举证证明以下要件事实才能认定甲、乙、丙三人的行为成立共同侵权行为：

a. 甲基于过错实施了加害行为；

b. 乙基于过错实施了加害行为；

c. 丙基于过错实施了加害行为；

d. 丁的损害后果；

e. 甲、乙、丙之间存在"共同的行为"；

f. "共同的行为"与丁的损害后果之间具备因果关系。

日本学界早期的传统观点认为，即便是共同侵权行为，为了让全

[①] 《日本民法典》第709条规定："因故意或过失侵害他人权利时，负因此而产生损害的赔偿责任。"

体加害人承担赔偿责任,加害人各自的行为也必须独立具备一般侵权行为的要件,并在此基础上要求各行为人之间具有"共同"的关系。[1]通常将这种共同的关系称为关联共同性。共同侵权行为之所以成立,其最本质的要件即关联共同性,基于此,多数人的侵权行为才属于"共同的侵权行为"。

然而将共同侵权行为的成立要件界定为"一般侵权行为的构成要件+关联共同性"的传统观点随后引起了如下争议:第一,《日本民法典》第719条中的连带责任既然被理解为不真正连带责任,若按照传统的观点要求各加害人需具备一般侵权行为构成要件的话,那么关于责任的认定,无论是根据第719条共同侵权行为的规定还是根据第709条一般侵权行为的规定,都将会得到同样的效果。如此一来,特别要求具备"关联共同性"要件的共同侵权行为将失去其存在的意义。第二,共同侵权行为人之间以存在关联共同性为必要,但是对于关联共同性应解释为主观的共同性、客观的共同性,抑或主客观兼顾,理论上众说纷纭,未有定论。

关于以上第一点争议,加藤一郎于早期著作中即提到:"若共同性的认定以每个人的行为与直接加害行为之间存在因果关系为必要的话,那么通过"共同的行为"这个中间项,可以认为与损害结果的发生存在因果关系。"以上主张体现了加藤一郎以"共同的行为"为媒介,使每个侵权人的行为与损害后果之间的因果关系要件证明标准得到缓和的观点。[2]前田达明认为:在认定具有关联共同性的场合,即使不能确定行为人各自的行为与损害后果之间的因果关系,但是只要

---

[1] 参见[日]加藤一郎:《不法行为》(增补版),有斐阁1957年版,第207页。
[2] 参见[日]加藤一郎:《不法行为》(增补版),有斐阁1957年版,第207页。

行为人中任何一人的行为与损害之间存在因果关系，就可以成立共同侵权行为。①

关于第二点争议，向来以客观共同说为主流观点，与此同时也存在以批判客观共同说为基础，主张复活主观共同说的见解，另外还有兼顾主客观因素的一系列多元化类型说的主张。

由此可见，关联共同性是共同侵权行为成立与否的核心构成要件，以下按时间顺序分为"早期学说"与"近期学说"，对日本共同侵权行为要件论中的学说发展情况进行考察。

一、早期的学说与判例的立场

（一）客观共同说之兴起

自明治40年开始，日本民法学迎来了源自德国法学流派的法解释论的全盛时期。②此阶段的代表学者川名兼四郎在其著作《债权法要论》中倡导的是客观共同说。川名兼四郎将共同侵权行为解释为"权利的侵害是由多数人实行侵权行为的结果"，要求每个侵权行为人都需要满足一般侵权行为的构成要件，并将共同侵权行为划分为三种类型，即"多数人之间有意思之共同"的类型、"多数人之间无意思之共同"的类型以及"因多数人之间同时或不同时的独立行为而造成他人权利侵害"的类型。这种观点把共同侵权行为的成立放置于极广的范围之中，采用了客观共同说的立场，即只要行为人之间存在客

---

① 参见［日］前田达明：《民法Ⅵ 2（不法行为法）》，青林书院1980年版，第185页。
② 参见［日］北川善太郎：《日本法学的历史和理论》，日本评论社1968年版，第125页以下。
［日］辻伸行：《石坂音四郎的民法学与德国民法理论的导入》，载《日本民法学史·通史》，信山社1997年版，第106页以下。

观上的关联共同性，就可以认定共同侵权行为的成立，以此追究加害人的连带赔偿责任。①

受川名兼四郎指导，并在同时期日本民法学界持有巨大影响力的鸠山秀夫同样是客观共同说的支持者，其认为，侵权法既然以填补损害为目的，那么对于同一损害而言，在存在数名加害人的场合，使全部加害人共同承担责任即具有正当性，这也是民法设定共同侵权行为制度的原因之一。因此涉及共同侵权责任的追究，关键要具备"共同"之要素。《日本民法典》第719条第1款前段的"共同"究竟是多数行为人之间"共同的意思"，还是"共同的认识"，抑或者是完全无需主观上的共同，只要在客观上具备共同的权利侵害即可等，在解释论上仍存在争议。最终，鸠山秀夫通过对法典立法理由以及司法实践中实际判决结果的判断，认为没有必要采取完全的主观意思共同的立场，只要在客观上存在关联共同性即可。②关于第719条第1款后段中的"共同行为人"则是实施了以权利侵害为目的的危险性行为的人。这种情况下，与其更严厉地惩戒实施危险行为的人，更应关注无法证明直接加害人的受害人权益应如何保护，因此侵权行为人只是单纯证明自己的行为不是造成损害的原因并不能免除责任的承担。③

受鸠山秀夫的影响，之后的我妻荣结合当时社会发展状况，从救济受害人的立场出发，也明确主张客观共同说之立场。我妻荣认为，对于《日本民法典》第719条第1款前段中的"共同实施侵权行为"，没有必要将"意思上的共同"作为共同侵权行为成立的必备要

---

① 参见［日］川名兼四郎：《债权法要论》，金刺芳流堂1915年版，第742页以下。
② 参见［日］鸠山秀夫：《增订日本债权法各论》（下卷），岩波书店1924年版，第935页。
③ 参见［日］鸠山秀夫：《增订日本债权法各论》（下卷），岩波书店1924年版，第938页。

件，多数侵权行为人只要在相当因果关系范围内行使了具有关联性的共同行为即可。我妻荣主张的关键点在于，若共同侵权行为成立，则不必要求每个加害人的行为对全部的损害建立起相当因果关系，即可对全部损害承担责任，因此只要认同侵权行为人之间存在客观上的关联共同性，就可以超越侵权行为人各自的因果关系所能达到的范围，对全部损害后果承担责任。对于第719条第1款后段的"共同行为"，我妻荣认为此处的共同行为意在各行为人实施的违法行为在客观上已构成了共同的实施危险性行为，因此具备客观的关联共同性即可。基于本条要充分保护受害人，同时惩戒共同行为人的立法宗旨，行为人即使能够证明自己的行为并不是构成损害的原因，也不能免除连带责任。[1]然而，为何要从保护受害人的立场出发令各行为人承担全部赔偿责任，以及主张客观共同说的根据何在等问题，我妻荣并未进行充分说明。

加藤一郎在我妻荣观点的基础上对客观共同说作了进一步诠释，确立了其作为通说的地位，对《日本民法典》第719条第1款前段规定的狭义的共同侵权行为之构成，认为需要行为人各自具备一般侵权行为的要件，且数个行为人之间存在客观的关联共同性。将第719条第1款后段规定的加害人不明的共同侵权行为限定在前提为集团行为且存在客观的共同关系的场合，为了防止受害人陷入举证不能而无法获得赔偿的困境，创造性地扩张了责任人的范围，但在能否减免责任的问题上与我妻荣的主张有所不同，认为任何行为人只要能证明自己的行为并非造成损害的原因，即可免除责任的承担。[2]

---

[1] 参见［日］我妻荣：《无因管理·不当得利·不法行为》，日本评论社1988年版，第191页。
[2] 参见［日］加藤一郎：《不法行为》（增补版），有斐阁1957年版，第211页。

同时期的司法判例同样受到了客观共同说的影响。例如大审院于"中外仓库不正仓库证券发行事件"的判决中明确指出:"每个共同行为人行使了足以成为损害之原因的侵权行为,换言之,只要是因客观共同的侵权行为造成损害的发生即可,而不需要共谋等其他主观上的共同原因。"[1]后来,客观共同说被频繁应用于环境公害诉讼判决之中,例如作为指导性判例之一的环境复合污染诉讼"山王川事件",最高裁判所在判决中指出:"在共同行为人各自的行为形成客观的关联,共同违法施加了损害的场合,每个加害人应该对与违法加害行为存在相当因果关系的损害后果承担赔偿责任。"[2]由此表明法院对共同侵权行为的认定采取了客观共同说的立场。从此客观共同说便确定了通说的地位。

(二)对客观共同说之批判

自《日本民法典》制定以来到20世纪中叶,传统的通说、判例均采取了相同的立场,即客观共同说。通过学说和判例的立场,可以得出客观共同说作为通说的根据如下:其一,原本作为《日本民法典》第719条前身的旧民法第378条将"共谋"作为承担连带责任的必要条件,但现行法第719条规范却特意把这个必要条件删除了,

---

[1] "中外仓库不正仓库证券发行事件"是某仓库公司应客户X的请求发行仓库证券,该公司因过失发行了与受托物不相符的仓库证券,X使用该证券从Y处诈取了现金。法院认定了仓库公司与X之间存在共同关系,成立共同侵权行为。参见[日]大判大正2年(1913年)4月26日民录第19辑,第281页。

[2] "山王川事件"是国营工厂与周边工厂向山王川的排污行为造成周边水稻减产,受害农民由此提起诉讼请求损害赔偿的事件。最高裁判所最终认定成立共同侵权行为,判决国家对全部损害承担连带责任。参见[日]最判昭和43年(1968年)4月23日民事判例集第22卷第4号,第964页。

由此表明该条中"共同"的含义已不再局限于如共谋那样的意思联络,甚至可以扩展到"客观共同"的场合。其二,若一味将共同侵权行为的成立局限于存在主观上的意思共同,则容易使受害人陷入求偿不能的窘境。因此客观关联共同说取得通说的地位存在一定的历史必然性。

该学说认为成立狭义的共同侵权行为需具备两个要件:第一,各侵权行为人的行为应独立地满足《日本民法典》第709条关于一般侵权行为的构成要件;第二,各侵权行为人的加害行为之间具有关联共同性。此处的关联共同性无需各加害人具备像"共谋"那样的主观上的关联共同,只要具备客观上的关联共同即可。在加害人不明的场合,只要具备客观关联共同性,原则上应认定各加害行为构成共同侵权行为,承担连带责任,但如果共同行为人中有人能证明自己的行为与损害后果之间不存在因果关系即可以免除责任。①

但是后来,客观共同说却受到越来越多的批判。因为若按照通说的主张,成立狭义的共同侵权行为必须具备一般侵权行为的要件,这就要求行为人与损害结果之间需存在个别的因果关系。但是如此一来,就会使受害人在证明各加害人的行为与损害后果之间的因果关系方面困难重重,尤其是存在复数污染源的公害案件,受害人的劣势尤为显著,不利于实现对弱势群体的救济,达到社会实质意义上的公平。而且在这种可以看作单独侵权行为发生竞合的情况中,直接适用《日本民法典》第709条即可,那么第719条关于共同侵权行为的规定将丧失其存在的意义。另外,也有批判意见认为,客观关联共同性的

---

① 参见[日]能见善久:《共同不法行为》,载内田贵、大村敦志编:《民法的争点》,有斐阁2007年版,第284页。

含义过于抽象,对其判断标准并没有形成统一的认识,从而不利于对加害人责任的准确认定。

针对客观共同说存在的根据,有学者指出,现行法之所以把"共谋"要件删除,是因为在当今连带债务一体化的背景下,已废弃了旧民法采用的区分连带债务与不真正连带债务的立场,但是消除"共谋"并不意味着放弃主观因素,共同侵权行为人之间的主观关联共同要件还是有存在必要的。[1]其次,既然客观关联共同说的提倡扩展了共同侵权行为制度的适用范围,从而有利于受害人的救济,但是共同侵权行为责任究竟在何种意义上应去救济受害人?同时又在何种意义上要加重加害人的责任?诸如此类问题并没有得到明确的回应。

针对以上批判和疑问,学界围绕共同侵权行为的核心要件关联共同性进行了深入探讨。诚然,客观共同说的优势在于,通过认定加害人之间存在客观的关联共同性,即可将责任推广到多数行为人都有所涉及的情形,以至于被告即使能够证明不存在因果关系依然不能免除责任的承担。如此一来,为何要对与加害行为不存在事实上的因果关系的损害负赔偿义务?关于这一问题其实并没有实质上的根据。对此加藤一郎指出,作为通说的客观共同说即使只要求客观的共同关系,但是仍有必要强调需要"从客观上看属于一个共同行为",而且也不能完全无视主观要素。[2]此后相继涌现出主观共同说、部分连带说、类型说等一系列学说,并且以关联共同性的样态为基准,结合《日本民法典》第719条规范的结构,将共同侵权行为作出类型化区分。

---

[1] 参见[日]能见善久:《共同不法行为》,载内田贵、大村敦志编:《民法的争点》,有斐阁2007年版,第284页。

[2] 参见[日]加藤一郎:《不法行为》(增补版),有斐阁1957年版,第207页。

二、近期的学说与判例的立场

（一）与客观共同说并存的主观共同说

关于共同侵权行为的核心构成要件之论争，虽然作为通说的客观共同说已广泛应用于判例之中，但理论界并非毫无争议。部分学者质疑如此宽泛地理解"关联共同性"是否会造成各侵权行为人甚至要对与自己的行为毫无因果关系的损害结果承担责任？由此兴起的主观共同说便受到了若干学者的支持。[1]该学说主张，各侵权行为人之间若不存在主观上的关联共同性，就不能成立共同侵权行为。因此，一旦被认定行为人之间有主观上的关联共同性，即便共同行为人中的任何一人的侵害行为与损害后果之间无因果关系存在，此人作为共同侵权行为人也要对损害后果承担赔偿责任。

作为主观共同说主要提倡者的前田达明认为，《日本民法典》第719条的特殊性在于，令所有侵权行为人对与自身实施的加害行为毫无因果关系的损害后果承担连带赔偿责任。那么令行为人承担这种连带责任的前提是，要存在各自利用他人行为的意思，且另一方面容忍自己的行为被他人所利用的意思，具备此种主观要素才能成立共同侵权行为。前田达明将这种主观要素进一步区分为以下三种情况：其一是故意的共同侵权行为，即以权利侵害为目的而利用他人的行为，或容许自己的行为被他人利用；其二是过失的共同侵权行为，即各侵权行为人为了实现权利侵害以外的目的而利用他人的行为，或容忍自己的行为被他人利用；其三是故意与过失并存的共同侵权行为，即一方

---

[1] 前田达明、几代通等学者即是主张主观共同说的代表。

以权利侵害为目的，另一方则指向权利侵害之外的目的，其各自利用他人的行为，或容忍自己的行为被他人所利用。①不论属于上述何种情况，都可认为是具备了主观关联共同性这一关键性要素，由此对全部损害承担赔偿责任。即便是各加害人主张自己的行为与损害后果之间完全不具备因果关系，抑或只具备部分因果关系，也不能减免其责任。与此相对，第719条第1款后段规定中的"共同行为"则不具备如前段般的主观要件，"共同行为人"指的是实施了引起权利侵害且具有危险性行为的人，在"共同行为人"范围的确定方面应该考虑到物理上的或时间上的接近度。此时要证明各侵权人的行为与损害之间的因果关系并不容易，所以根据后段之规定推定因果关系的存在，如果行为人能证明加害行为与损害后果之间不存在因果关系，就可以获得责任减免，否则要承担全部赔偿责任。②

同样采用主观共同说的几代通主张，所谓关联共同性是指数个行为人在共同的意识之下行动，给他人造成了损害结果。只要具备这样的关联共同性，那么数个行为人的行为，按社会一般观念来看，就具有在整体上被认为成一个行为的这种程度的一体性，可依据第719条第1款前段的规定令各加害人负全部赔偿义务。③近代私法倡导自己责任原则，令加害人对不存在相当因果关系的损害承担全部赔偿责任的第719条仅仅以客观关联共同性为要件是不充分的，加害人之间必须从某种形式上具有主观意思上的关联，这种意思所发挥的作用正是负全部赔偿义务的基础。从这种观点出发，有必要将共

---

① 参见［日］前田达明：《不法行为归责论》，创文社1978年版，第292页。
② 参见［日］前田达明：《民法Ⅵ2（不法行为法）》，青林书院1980年版，第191页。
③ 参见［日］几代通（德本伸一补订）：《不法行为法》，有斐阁1993年版，第225页。

同侵权行为的概念做限缩性解释，要求数个行为人因持有共同的意识而行动，且给他人造成的损害，即共同侵权行为仅适用于存在主观关联共同关系的场合。行为人之间这种共同的意识未必是关于具体加害行为的意识，像为了与加害行为无关的目的而实施了集团性的行动的情形也包含其中。如此一来，只要具备了主观关联共同性要件，就可以拟制各行为人的加害行为和损害后果之间存在事实上的因果关系，即使其中有加害人证明了自己的行为与损害之间不存在事实上的因果关系，也不能进行责任的减免。[1]在第719条第1款后段的加害人不明的共同侵权行为的场合，则可以通过证明自己的行为并非损害发生的原因而免责。

（二）限定责任范围的部分连带说

除客观共同说、主观共同说之外，学界还存在一些不同的声音，例如川井健倡导的部分连带说。该学说认为，依据客观共同说的主张，共同侵权行为的成立趋向于容易化，确实有助于及时救济受害人，从这一立场出发，连带责任有其存在的必要性。同时也指出，若部分加害人仅仅参与了其中一小部分加害行为，但因构成了共同侵权行为，最终却要承担全额赔偿责任，于情于理未免对其过于残酷。对此，川井健主张应限定共同侵权行为人的责任范围，既然各加害人对损害后果给予的原因力有大小之分，那么在其各自原因力大约相同的限度内，对这部分加害人的损害取最大公约数，使其全员承担一部分连带责任，其他贡献度较小的加害人承担与损害相应的责任。决定一部分连带责任的限度标准主要取决于各加害行为的违法性，共同侵权

---

[1] 参见［日］几代通（德本伸一补订）：《不法行为法》，有斐阁1993年版，第226页。

行为人应按照各自行为的违法性范围承担连带责任。[1]

川井健之所以主张部分连带说,其主要原因在于传统侵权行为以自己责任为原则,加害人只对因自己的行为所造成的损害承担责任。狭义的共同侵权行为并没有否定自己责任原则,那么仅根据《日本民法典》第719条第1款前段规定,以连带责任的形式对损害赔偿请求权做出强化,从而令各加害人承担超出自己给予的原因限度之责任是没有根据的。因此,如果判明了各行为人的加害范围,就应该根据各自参与行为所造成的损害的限度承担相应的责任。以行为的违法性作为判断各行为人参与行为限度的基准,当各行为人的违法性程度相当时承担全部连带责任,当违法性程度有差异时,按照违法性的强弱承担部分连带责任。对于加害人不明的共同侵权行为,依据第719条第1款后段规定,从救济受害人这一政策性目的出发,既然各行为人都实施了加害行为,同时又无法判断具体加害人是谁,为了减轻因果关系的证明难度,此时可以认同对全部行为人的连带赔偿责任。当受害人无法证明加害人实施行为的违法性强弱时,亦可适用第719条第1款后段请求各加害人承担全部责任。除非加害人能证明各自行为的违法性有强弱之分,由此承担一部分连带责任。

部分连带说的主张从一定意义上回应了客观共同说固有的疑问,即侵权行为人为什么要对与自己行为没有直接因果关系的损害负责。川井健主张即使构成共同侵权行为,各行为人也不应对超出由自己行为造成损害的全部损害承担责任。这种部分连带说的出现有着深刻的社会背景。20世纪中期,多年重经济轻生态保护的发展模式,使公害成为当时日本最为重大的社会问题,关于多数污染源致害的处理主

---

[1] 参见[日]川井健:《现代不法行为法研究》,日本评论社1978年版,第228页以下。

要依据《日本民法典》第719条，从救济受害人这一政策性目的出发，尽可能广泛地认定共同侵权行为的成立，追究大企业、企业联合体的环境侵权责任。与此同时，若干小污染源却因被追究共同侵权责任而承担了超出其本应负担范围的损害，由此陷入困境，引入部分连带说可以避免此类情形的发生，既可以最大限度地救济受害人，也可以维持加害人之间的利益平衡，达成实质上的社会公平。除了若干环境公害方面的判例，部分连带说在日本的《大气污染防止法》《水质污浊防止法》等单行部门法，特别是在奉行无过失责任归责原则的条文规范之中也有所体现。当环境损害是由多数企业造成的，但其中若干企业对损害的贡献度极小，有必要对此种情况进行斟酌，应令其承担一部分赔偿责任而非全部赔偿的连带责任。

然而，部分连带说将违法性程度的强弱作为限定责任范围的判断基准，却未充分说明其理论依据，鉴于违法性本为抽象性概念，其强弱程度多属于价值判断问题，如果仅仅因为违法性程度强，就令侵权行为人对超过相当因果关系范围的损害承担责任，会从根本上改变侵权法的自己责任原则。因此在没有相关特别法作为参照的前提下，部分连带说的主张一般没有被采用的余地，因此在司法实践中并不易得到推广。

综上，无论是主观共同说还是部分连带说，其出发点都在于传统侵权法中的自己责任原则，即侵权行为人应该在与自己行为相关的损害限度内承担赔偿责任。然而，以上学说也存在其固有的缺陷。由于过分强调各加害人对损害后果给予的原因力大小和限度，以此对责任进行精准分配，必然会阻碍共同侵权行为的认定，使共同侵权行为成立的范围过于狭窄，反而不利于受害人得到迅速的救济，因此部分连带说从产生之初便受到了众多学者的批判，在司法判例中也始终未得到广泛应用。

三、新的理论动向——类型说之发展

从20世纪60年代日本四大公害诉讼起，在判例法理中开始大量涉及共同侵权行为理论。关于对共同侵权行为成立要件之一的"关联共同性"意义的理解逐渐变得多样化，除了以往的客观共同说、主观共同说之外，不断涌现出了一系列新的学说。例如把《日本民法典》第719条第1款前段中的"关联共同性"区分为"有意思参与的主观关联共同"和"无意思参与的客观关联共同"两种类型，以及"强关联共同性"和"弱关联共同性"两种类型，在法律效果方面也同样进行了类型化的考虑。可以称这一系列的学说为新类型说，通过主客观两方面要素的并用呈现出丰富的理论变化，并在公害判决中得到灵活运用。以下通过选取几种具有代表性的类型说来体现理论研究领域的进步与发展。

（一）具有强关联共同性的共同侵权行为与具有弱关联共同性的共同侵权行为

淡路刚久所提倡的类型说是按照"关联共同性"的紧密程度，把共同侵权行为分为两种类型，一是具有强关联共同性的共同侵权行为，对应《日本民法典》第719条第1款前段的规定；二是具有弱关联共同性的共同侵权行为，对应同款后段的规定。

首先，根据第719条第1款前段规定，各加害行为若具备强关联共同性，则不需要证明各加害人的行为与损害之间个别因果关系的存在。此时在法律效果上，各共同侵权行为人要对超过与自己的行为有相当因果关系范围的损害，也就是全部损害后果承担赔偿责任，即使

证明了不存在因果关系，也不能免责或减责。因此，成立第719条第1款前段所指的共同侵权行为，必须具备强关联共同性之要件。通常，具有"弱关联共同性"指的是，就结果的发生而言，该侵权行为具有在社会观念上被视为一个行为程度的一体性，只要行为人参加了这种加害行为的一部分即可。而"强关联共同性"是指，相比"弱关联共同性"的程度，具有更为紧密的一体性。这种"强关联共同性"除了包含如"共谋"程度的关联共同性之外，还包括引起损害发生的原因行为之间存在紧密的一体性的情况。[①]

其次，作为第719条第1款后段规定中的"共同行为人"，只要具备弱关联共同性即可。"弱关联共同性"存在的范围既包括同时期的共同侵权行为，也包括不同时期的共同侵权行为。在法律效果上，只要具备"弱关联共同性"即可推定各加害人的行为与损害后果之间存在因果关系，并允许各行为人进行减免责任的举证，加害人只要能证明自己的行为与损害没有因果关系就可以获得减责或免责效果，仅限于在不能证明自己的行为与损害后果之间没有因果关系的情况下，才需要对全部损害负连带责任。[②]

在认同此种类型说的判例中最为著名的是四日市公害诉讼判决。在此之前，客观共同说虽处于通说地位，但只是提及了无需主观意思共同的形式要件，具体的理论构成还存有若干不明之处。四日市公害判决以客观共同说为出发点，将各侵权人行为之间的关联共同性理解为"客观的关联共同性"，再进一步将其划分为"强关联共同性"和"弱关联共同性"两种类型，不仅明确了客观关联共同性之含义，而

---

① 参见［日］淡路刚久：《公害赔偿理论》(增补版)，有斐阁1978年版，第126页。
② 参见［日］淡路刚久：《公害赔偿理论》(增补版)，有斐阁1978年版，第127页。

且对作为共同侵权行为要件的因果关系与关联共同性之间的关系做出了划时代的判断，赋予了客观关联共同性对因果关系的拟制功能，解决了以往客观共同说存在的理论上的矛盾，[①]并被此后的一系列都市型复合大气污染诉讼判决所借鉴，其内涵在司法实践中得到了进一步的阐释。[②]

（二）存在主观关联共同的共同侵权行为与存在客观关联共同的共同侵权行为

能见善久主张将《日本民法典》第719条第1款前段类型化区分为有意思联络的"主观型共同侵权行为"与虽无意思联络但可以看作社会上的一个整体行为的"客观型共同侵权行为"。

作为第一种类型的主观型共同侵权行为，令行为人对他人实施的行为结果承担责任的条件，以行为人之间具备主观上的关联共同性为必要。主观上的关联共同性主要体现在各行为人有相互利用对方行为的意思，并实施了共同行为，这种共同的意思也包括过失。只要具备了这种主观上的关联共同性，在法律效果方面，针对与该共同行为存在因果关系的损害，就可以产生相应的赔偿义务。只有在举证证明对损害后果不存在过失的场合，才有免除责任的可能。

作为第二种类型的客观型共同侵权行为，客观关联共同性主要体现在侵权行为人之间具有的能被认为是社会上的一个整体行为程度的

---

① 参见［日］大塚直：《共同不法行为论》，载《公害环境法理论的新展开》，日本评论社1997年版，第167页。
② 参见［日］大阪地判平成7年7月5日《判例时报》第1538号第17页。在西淀川第2—4次诉讼中，曾明确指出具有"弱关联共同性"适用第719条第1款后段规定，具有"强关联共同性"适用第719条第1款前段规定。

紧密关系。正是由于可以被看作社会上的一个整体行为的加害行为的存在，在因果关系证明困难的情形下，可以推定因果关系的存在。例如在复合污染事件、连环交通事故、医疗过失与交通事故竞合致害等事例中，应肯定复数侵权行为之间是具备客观关联共同性的。此时只要受害人能证明加害人的共同行为与损害后果之间存在因果关系，就可以推定各加害人的行为与损害后果之间存在个别的因果关系。从看作因果关系推定规定的角度出发，加害人可以通过举证证明不存在因果关系主张免责或减责。[①]

（三）意思型共同侵权行为、关联型共同侵权行为与竞合侵权行为

平井宜雄认为《日本民法典》第719条规定的意义在于对第709条一般侵权行为原则性规定的修正，原本只对有事实性因果关系的损害承担赔偿责任，但根据第719条，各共同行为人要对超过与自己行为有关的损害范围的全部损害承担责任，关键在于关联共同性要件的存在。

平井宜雄原则上支持主观共同说的立场，也认同一部分客观共同说，同时指出客观共同说对"客观共同"的认定标准有其不当之处。然而如主观共同说那样单纯将行为人的主观因素置于判断的重点，又会使共同侵权行为制度丧失其现代意义，[②]故平井宜雄将多数人侵权行为类型作了重新整合，根据《日本民法典》第719条的规定

[①] 参见［日］能见善久：《共同不法行为责任的基础考察（八·完）》，载《法学协会杂志》1985年第102卷第12号，第2235页以下。

[②] 参见［日］平井宜雄：《与共同不法行为有关的考察》，载《川岛武宜还历纪念·民法学的现代课题》，岩波书店1972年版，第298页。

划分为三种类型：第一种类型对应第719条第1款前段以及第2款的内容，当存在共谋、有共同行为的意识、教唆或帮助等主观意思时，属于持有意思参与（主观关联共同性）的情况，可成立意思型共同侵权行为，各行为人不论是否真正参与了加害行为都要负全部赔偿责任，即使能证明自己的行为与损害后果之间无事实性因果关系也不能免责，且不认同过失相抵。第二种类型同样适用于第719条第1款前段规定，虽然不存在意思参与，但各行为之间具有社会观念上的一体性（客观关联共同性），即可成立关联型共同侵权行为，当这种一体性行为与损害后果之间存在事实上的因果关系时，视为各侵权行为人的行为与损害后果之间具有因果关系，在这种情况下可适用过失相抵规则。第三种类型是除以上两种类型之外，如果各行为人之间不具有关联共同性，则成立竞合侵权行为，而第719条第1款后段中的"加害人不明的共同侵权行为"之规定即可作为竞合侵权行为中的特例，只要满足一般侵权行为的构成要件，并具备择一的因果关系，就可以基于因果关系的拟制，认定各行为人的全额赔偿义务，并允许主张责任减免。[①]

（四）具有强关联共同性的共同侵权行为与具有弱关联共同性的竞合侵权行为

潮见佳男主张多数人侵权行为中的共同侵权行为与竞合侵权行为应完全分离，将《日本民法典》第719条第1款前段的共同侵权行为的范围限定在具有"强关联共同性"的类型之中，关于具有"弱关联

[①] 参见［日］平井宜雄：《债权各论Ⅱ　不法行为》，弘文堂1993年版，第193页。

共同性"的类型则属于竞合侵权行为中的一种情况。①

日本以往的类型说结合判例通常将共同侵权行为区分为具有强关联共同性的共同侵权行为与具有弱关联共同性的共同侵权行为。前者不允许多数行为人以贡献度为理由进行减责的抗辩,而后者则允许贡献度减责的抗辩。然而潮见佳男的观点却与之不同,其认为共同侵权行为作为一种可以追究连带责任的制度,具有不允许行为人以存在个别原因为理由进行反证的强力性效果,因此应把维持全部连带责任的共同侵权行为限定在具有"强关联共同性"的类型之中,并且不允许各行为人进行以减责或免责为目的的抗辩。由此而言,允许进行责任减免抗辩的"弱关联共同性"的类型只不过是第709条的单个侵权行为的竞合而已,并不具有共同侵权行为的性质,因此不属于共同侵权行为的范畴,而是应作为竞合侵权行为中的一种特殊类型,对造成同一损害后果的行为人追究其连带赔偿责任,根据各行为人对损害的贡献度、原因力等要素进行减责或免责的抗辩,并适用举证责任倒置。②

潮见佳男以"强关联共同性"为切入点,从主客观并存的角度,将共同侵权行为的关联共同性要件进一步区分为"主观的共同"类型与"客观的共同"类型。

作为"主观的共同"类型的共同侵权行为,对"共同行为"、以及关联共同性的认识基本不存在争议,即认为需要具备基于权利或法益侵害而引起损害的意思上的参与。各行为人持有这种意思参与的场合包括共谋、认识且容忍型、教唆帮助型。其中共谋型指的是以权利

---

① 参见［日］潮见佳男:《不法行为法Ⅱ》(第2版),信山社2011年版,第149页。
② 参见［日］潮见佳男:《不法行为法Ⅱ》(第2版),信山社2011年版,第171页。

侵害或法益侵害进而引起损害为目的进行共谋的情形；认识且容忍型指的是各行为人的行为相互结合引起权利或法益的侵害，并造成损害的发生，或者虽认识到行为的危险性却仍然实施该行为的情况；教唆帮助型指的是数个侵权行为人中的某行为人实施了教唆行为或帮助行为，导致损害发生的情形。[1]

作为"客观的共同"类型的共同侵权行为则体现在不具备基于权利侵害或法益侵害而引起损害的意思上的参与，此时应将认定"共同行为"的关联共同性要件理解为客观的关联共同之意。一般认为，若复数加害行为之间具备"物理上的一体性"，或者"社会观念上的一体性"，即属于客观的共同，可成立共同侵权行为。[2]然而这种客观共同的判断标准，因其表达意思的抽象和宽泛一向受到学者的多方批判。潮见佳男在此基础之上，结合判例举例说明了"客观的共同"的场景。其一，多数行为人虽不具备以权利侵害为目的的意思上的参与，但均有一起实施共同行为之意的情形。例如虽然没有共同犯罪的意思，但是却有共同行为的意思。其二，具有场所或时间上的一体性，且行为人形成危险共同体或利益共同体的情形。也就是各侵权行为至少在场所或时间上是接近的，连锁型的加害行为造成了一个不可分割的损害后果，之所以以危险共同体或利益共同体的存在为基础排除责任减免的主张，是基于共同行为人具有的应相互之间协力使他人免受权利侵害或法益侵害的义务。[3]

以上"主观的共同"类型与"客观的共同"类型均可评价为

---

[1] 参见［日］潮见佳男：《不法行为法Ⅱ》（第2版），信山社2011年版，第163页。
[2] 参见［日］泽井裕：《无因管理·不当得利·不法行为》（第3版），有斐阁2001年版，第349页。
[3] 参见［日］潮见佳男：《不法行为法Ⅱ》（第2版），信山社2011年版，第165页以下。

《日本民法典》第719条第1款前段规定的"共同的行为"，各行为人承担全部连带责任，并且不允许以贡献度为理由进行责任减免的抗辩。

第三节　竞合侵权行为论

一、竞合侵权行为的法律特征

通说认为，原因竞合的侵权行为的责任承担以按份责任为原则。所谓的"原因竞合"可分为以下四种情形。一是加害行为与受害人因素相互竞合，二是加害行为与自然力相互竞合，三是加害行为与第三人行为相互竞合，四是数个加害行为相互竞合。其中的第四类，数个加害行为相互竞合的情形指的就是竞合侵权行为。[①]

竞合侵权行为，是指造成同一损害后果的多个侵权行为发生竞合的情形。例如甲骑摩托车在路口急转弯将路边的自动售货机撞倒，同时乙骑自行车疾驰而来把自动售货机的玻璃撞碎。设例中自动售货机的所有人丙，向甲、乙二人请求损害赔偿需要举证证明以下要件事实：

a.甲基于过错实施了加害行为；

b.乙基于过错实施了加害行为；

c.作为同一损害后果的丙的损害；

d.甲的加害行为与丙的损害后果之间具备因果关系；

[①] 参见［日］大塚直：《基于原因竞合的比例责任论之基础考察》，载中川良延编：《星野英一先生古稀祝贺·日本民法学的形成与课题》(下)，有斐阁1996年版，第851页。

e. 乙的加害行为与丙的损害后果之间具备因果关系。

以上要件事实可体现出竞合侵权行为的三项基本构成要件：第一，数个侵权行为人之间不存在关联共同性；第二，多数侵权行为各自具备一般侵权行为的构成要件；第三，需产生同一损害后果。

竞合侵权行为的特征在于数个单纯的侵权行为偶然结合造成了同一损害后果。正因为竞合侵权行为是一般侵权行为顺次竞合的结果，所以各加害行为均需要具备一般侵权行为的要件，包括侵权行为人主观上的故意或过失、加害行为、损害后果以及加害行为与损害后果之间的因果关系。

二、竞合侵权行为与共同侵权行为之间的关系

在日本，竞合侵权行为只是作为学理上的概念存在，民法典中并没有与之相对应的法律规范。虽然未将竞合侵权行为作为一般法律规范明确置于民法条文之中，但司法实践中却存在大量有关竞合侵权行为的案例，学者针对判例法理的探讨异常活跃，形成了各种学说见解。关于在发生竞合侵权行为的情形中应如何适用法律这一问题，通常依据的是《日本民法典》第709条一般侵权行为和第719条共同侵权行为之规定，由此引发了竞合侵权行为与共同侵权行为之间究竟是何种关系的讨论。围绕是否把竞合侵权行为归入共同侵权行为范畴，存在两种对立的见解。

（一）见解之一——应把竞合侵权行为理解为共同侵权行为

这种见解认为竞合侵权行为是共同侵权行为的一种特殊类型，应该把竞合侵权行为视为共同侵权行为，由此可以适用关于共同侵权行

为的任何法律规范，并赋予其共同侵权行为相同的法律效果。①以此见解为出发点，进一步发展出了以下三种观点。

第一种是客观关联共同说，主张竞合侵权行为应适用于《日本民法典》第719条第1款前段的规定。此种观点也得到了判例的支持。在交通事故与医疗事故相继发生，导致受害人死亡的案例中，受害人A因遭遇交通事故受重伤，在被送往医院治疗后，由于医生的诊断过失而伤情加重，最终导致其死亡。法院认为，案件中无论是交通事故还是医疗事故，均导致了A死亡这个不可分的同一后果，且与死亡结果之间具有相当因果关系，因此交通事故中的驾驶行为与医疗事故中的医疗行为共同构成了第719条规定的共同侵权行为，由各侵权行为人对全部损害后果负连带责任。②法院的判决其实表明了以下观点，即在加害人之间具备客观的关联共同性的情况下，应该将竞合侵权行为作为共同侵权行为处理。法院的这种做法亦有缓解因果关系证明上的困难之意。③

第二种是主观关联共同说，主张竞合侵权行为应适用于《日本民法典》第719条第1款后段的规定。通常主观关联共同说将共同侵权行为限定在第719条第1款前段，要求各侵权行为人之间具备主观上的关联共同性，第719条第1款后段则是以侵权行为人不具有主观关联共同性为前提的规则，所以可适用于竞合侵权行为，全部侵权行为人承担连带责任，并认同其责任减免的主张。

---

① 参见［日］近江幸治：《民法讲义 Ⅵ 无因管理・不当得利・不法行为》，成文堂2004年版，第245页。
② 参见最高裁判所2001年3月13日民事判例集第55卷第2号，第328页。
③ 参见［日］宫川博史：《交通事故与医疗事故的竞合》，载盐崎勤编：《现代民事裁判的课题8》，新日本法规出版社1989年版，第144页以下。

第三种是比例因果关系说，主张在发生竞合侵权行为的场合，应根据以贡献度为标准的因果关系比例认定加害人的责任。首先适用《日本民法典》第719条第1款前段的规定，如果是原因不明的情形，则适用第719条第1款后段的规定。①

（二）见解之二——不应把竞合侵权行为理解为共同侵权行为

这种见解认为竞合侵权行为本质上是一般侵权行为顺次发生竞合的结果，行为人之间不具备关联共同性，因此不能理解为共同侵权行为。关于竞合侵权行为的法律适用，主要有两种观点。

第一种观点的代表性学者是平井宜雄，其认为竞合侵权行为可以适用《日本民法典》第719条第1款后段的规定。根据平井宜雄的看法，第719条第1款后段原本就与共同侵权行为无关，而是关于"择一的竞合"或"推定的竞合"型侵权行为的规定。因此，在数个侵权行为显示出"择一的竞合"或"推定的竞合"时，侵权行为人应承担根据第719条第1款后段的规定对损害后果负全部义务，也适用于竞合侵权行为的情形，并允许行为人主张减责或免责。②

第二种观点为比例责任说，代表性学者是大塚直，其认为竞合侵权行为是各自独立的一般侵权行为发生竞合的结果，应按照比例责任原则，根据法律评价上的贡献度判定责任的限度。在贡献度不明的情况下通过类推适用《日本民法典》第719条第1款后段的规定，对损

---

① 参见［日］野村好弘：《因果关系的本质》，载交通事故纷争处理中心编：《交通事故损害赔偿的法理与实务》，行政出版社1984年版，第62页以下。
② 参见［日］平井宜雄：《债权各论Ⅱ　不法行为》，弘文堂1993年版，第206页。

害后果负全部赔偿义务。①

三、竞合侵权行为的法律效果

在竞合侵权行为中，由于每一个加害行为与损害后果之间都存在个别的因果关系，故侵权行为人在其各自的因果关系所及范围内承担按份责任即可。如果加害人能证明有特定的加害行为，或者自己的行为与损害之间不存在因果关系，则可以主张减免责任；反之，则类推适用《日本民法典》第719条第1款后段的规定，由全体加害人负连带赔偿责任。

潮见佳男教授在确认竞合侵权行为传统概念的基础上，加入了主客观关联共同性的判断因素，认为多数人侵权行为包括共同侵权行为与竞合侵权行为两种独立类型，应将两者完全分离。具备"强关联共同性"的多数人侵权行为属于共同侵权行为，各行为人承担连带责任，并不允许其主张减免责任。具备"弱关联共同性"的多数人侵权行为则属于竞合侵权行为的一种特殊类型，同样由各加害人承担连带责任，但允许侵权行为人以贡献度为理由进行减责或免责的抗辩，将贡献度的证明责任从受害人一方转换到加害人一方。那么，究竟达到何种程度的"损害一体性"，才能适用举证责任倒置呢？对此，客观共同说的立场认为，至少在时间上或场所上是接近的，同时受害人一方确实存在无法证明具体贡献度的困难。②

---

① 参见[日]大塚直：《基于原因竞合的比例责任论之基础考察》，载中川良延编：《星野英一先生古稀祝贺·日本民法学的形成与课题》（下），有斐阁1996年版，第885页。
② 参见[日]潮见佳男：《不法行为法Ⅱ》（第2版），信山社2011年版，第201页。

第四节 小 结

一、判例和学说的倾向

从日本近百年来关于共同侵权行为学说的发展趋势来看，传统的通说原本要求每个行为人的行为需单独具备一般侵权行为的要件，但多数学者指出，如此一来，与《日本民法典》第709条一般侵权行为相区别的第719条共同侵权行为之规定就丧失了存在的意义，因此不需要证明每个行为与损害间的个别因果关系，对共同侵权行为理论进行了重新整合。

早期的一部分学者例如加藤一郎、我妻荣等是主张客观共同说的代表。他们认为，共同侵权行为作为一种加重的责任，不必证明每个加害人的行为和损害后果之间具备因果关系，只要在加害行为之间存在"客观的关联共同"，即可追究共同侵权行为人的连带赔偿责任。同时期的司法判例也多采用了此学说的立场。然而，以前田达明、森岛昭夫、几代通等学者为代表的主观共同说在否定共同侵权行为作为加重责任的同时，对关联共同性要件的范围作了进一步限定，主张在《日本民法典》第719条第1款前段的适用上应采取"主观的关联共同"的立场，将存在主观上的关联共同性作为加害人承担连带责任的基础。随后，以平井宜雄、四宫和夫、淡路刚久、能见善久为代表的一批学者认为，若把关联共同性限定在"主观的关联共同"的场合，那么共同侵权行为所体现的救济受害人的一部分现代意义则会丧失，因此应采取主客观并用的立场，围绕怎样界定"关联共同性"的范围呈现出各种见解，并在此基础上作了进一步类型化区分。

从当时的社会背景分析，学说上的这种发展趋势无疑是受到了同时期大规模爆发的公害诉讼的影响。以四日市大气污染公害诉讼判决为契机形成的新类型论，按照加害行为之间"关联共同性"的紧密程度把共同侵权行为区分为弱关联共同与强关联共同的两种类型。若各行为人实施了"按照社会上的一般观念能被看作是一个整体行为"程度的加害行为，则属于具备"弱关联共同性"的情况，并允许加害人通过举证证明与损害不存在个别因果关系而获得减责或免责。与此相对，"强关联共同性"是根据行为人之间的技术、场所、关系等具体情况被认为具有"更为紧密的一体性"的加害行为，绝不允许加害人进行减免责任方面的举证。淡路刚久即是此类型说的突出代表，按照该学说的主张，将《日本民法典》第719条第1款前段与"强关联共同"相对应，后段与"弱关联共同"相对应，这种划分被同时期的公害环境诉讼判决所采用，可以说是主客观并用说中应用最为广泛的见解。

在日本法中，竞合侵权行为是一种独立的多数人侵权类型，只是因为成文法的缺失，令竞合侵权行为在判断标准和适用范围方面处于一种悬而未决的状态。尤其是在与共同侵权行为之间关系的问题上，是沿用现行法律规范对竞合侵权行为进行连带责任的类推适用，还是遵循其本质贯彻按份责任原则，学说看法各异，尚未有定论。但无论如何，可以肯定的是竞合侵权行为有其独特的法律地位，且与共同侵权行为一同构建起多数人侵权的基本框架体系，这在历次关于民法典的修改研讨中均有所体现。至于，竞合侵权行为的适用所及范围，还有赖于司法实践中经验的积累，并对应细分出具体的类型。

二、日本侵权法重述的立场

1987年由日本侵权行为法研究会提出的《侵权法重述》结合以往学说的倾向，在判例研究的基础上提出了关于多数人侵权的六款规范。①与《日本民法典》第719条规定相比较，不仅条文的篇幅显著增加，而且对若干有争议的问题做出了回应。

首先，关于关联共同性要件，由于判例一贯坚持的是客观共同说，对与主观共同说有关的说明少之又少，虽然有不少学说主张主观共同说，但是只设置具备主观因素的共同侵权行为是不现实的。最终，《侵权法重述》在条文设置上将主观共同的情形（第719条第1款）

---

① 《侵权法重述》第719条（具有主观共同关系的共同侵权行为）规定："（1）数人基于共同的意思对他人施加了损害，各自对全部损害负赔偿责任。（2）以下各项均属于前项规定的持有'共同的意思'：以损害发生为目的共谋的情形；认识到且容忍基于共同行为导致损害发生的情形；教唆的情形；帮助的情形。"

第719条第2款（具有客观共同关系的共同侵权行为）规定："（1）数人的行为是造成他人损害的共同原因，即使不具备共同的意思，也要各自对全部损害负赔偿责任。（2）如果在前款情形中，某人的行为在成为损害原因中的程度显著微小时，应慎重确定该行为人的损害赔偿额。"

第719条第3款（原因者不明的共同侵权行为）规定："数个行为人实施了有可能引发受害人权利侵害的行为，但不能得知是何人造成的损害时，各行为人对全部损害负赔偿责任。但是，能证明自己的行为并非造成损害的原因，或者只造成了一部分损害的行为人，可以获得责任减免。"

第719条第4款（共同侵权行为人其中一人的清偿与他人的免责、求偿）规定："（1）在前三条的情形下，若共同侵权行为人其中一人履行了赔偿义务，其他人亦免除责任。（2）在前款规定的场合，履行赔偿义务的共同侵权行为人对超出其应负担的部分可以向其他行为人求偿。若应负担的部分不明时，法院应对行为人故意、过失的程度等其他一切事项进行斟酌考虑。"

第719条第5款（共同侵权行为人其中一人的免除、不起诉的约定）规定："（1）在受害人免除了负担部分显著巨大的共同侵权行为人责任的场合，当受害人知道或应当知道其负担部分显著巨大时，其他共同侵权人的责任可以免除。（2）对共同侵权行为人其中一人做出的不起诉的约定，其他行为人不能免责。"

第719条第6款（共同侵权行为人其中一人的时效）规定："（1）在负担部分显著巨大的共同侵权行为人其中一人的时效消灭的场合，受害人知道或应当知道其负担部分显著巨大时，其他共同侵权行为人可以免除责任。（2）在受害人起诉其他共同侵权行为人的场合不适用前款规定。"

参见［日］淡路刚久：《日本不法行为法重述⑬共同不法行为》，载 Jurist 1987年第898号，第89页。

和客观共同的情形（第719条第2款）区分为独立的两个条款，以对应学说上的主客观并用说。另外，在客观共同的情形中规定了可以减少损害赔偿额的内容，该规定显然不适用主观共同的情形，因此有必要分别规定具有主观共同关系的共同侵权行为和具有客观共同关系的共同侵权行为。

其次，《侵权法重述》第719条第3款沿袭了《日本民法典》第719条第1款后段关于因果关系推定的规则，在此基础之上进一步扩大了该条款的适用范围。在原因者不明的场合承担全部责任的要件之一是存在共同行为人。此处的共同行为人指的是实施了有可能引发受害人权利侵害的行为的人。共同行为人实施的加害行为不仅仅是同一时间发生的、同一种类的行为，还包括不同时间发生的、不同种类的行为，第3款甚至适用于加害行为造成的损害程度不明的场合。共同行为人能举证证明自己的行为并非造成损害的原因，或者只造成了一部分损害，就可以获得责任减免。①

另外，《侵权法重述》第719条与《日本民法典》的显著不同之处在于，增加了有关共同侵权法律效果的规定，即在第4款、第5款、第6款分别规定了共同侵权行为人中的1人发生的清偿、免除、时效消灭等事由对其他行为人所产生的效力。原本通说将共同侵权行为法律效果的连带责任性质理解为不真正连带责任，自然不能完全适用《日本民法典》第434条以下关于连带债务的规定。然而，基于判例和学说的发展，关于不真正连带债务的理论研究在不断更新，《侵权法重述》将法律效果明文化，并区分了绝对效力和相对效力，考虑到

---

① 参见［日］淡路刚久：《日本不法行为法重述⑬共同不法行为》，载 Jurist 1987年第898号，第91页。

不同情形之下的法律适用问题。

三、日本民法改正草案的立场

进入21世纪以来，世界各国纷纷开展了对民法典的改正作业，日本除了以法务省主导的"债权法改正"立法活动之外，同时还有若干以民法改正为宗旨的研究会组织，进行了丰富多样的学术活动。其中于2005年设立的"民法改正研究会"，通过对亚洲、欧洲各国民法改正状况的比较法分析，开始起草"日本民法改正草案"。

该研究会于2008年10月13日提出的《日本民法改正草案（暂定版）》第666条规定，[1]对多数人侵权的适用范围做出了相当宽泛的解释，与《日本民法典》第719条相比较，其特色集中在以下三点：

第一，根据草案第666条第1款规定，将所有参与人归为共同侵权

---

[1] 日本民法改正试行方案第2分册：债权法（民法改正研究会暂定草案）（2008年10月13日案）第666条规定："（1）涉及到多数人的侵权行为所发生的损害（以下统称为'共同侵权行为'），由各行为人负连带赔偿责任。（修改）
（2）因侵权行为造成损害，若不能得知是多数行为人中的何人所为时，同前项规定。（修改）
（3）对侵权行为实施教唆或帮助的人，视为共同侵权行为人。（修改）
（4）在前三项的场合中，法院应考虑共同侵权行为人在损害发生中的贡献程度，以及其他的一切相关因素，对于贡献度小的行为人，可以限定其连带损害赔偿的范围。（新设）
（5）不仅限于第（1）—（3）项的规定，若能对共同侵权行为人之间关于损害发生的贡献程度或责任的轻重方面有明显差异、主要的共同侵权行为人具备清偿的能力且较容易执行等方面进行举证证明，法院通过考虑一切相关因素，可以先对主要的共同侵权行为人的财产予以执行。（新设）"参见［日］第72回日本私法学会资料：日本民法改正草案第2分册：债权法（民法改正研究会·暂定草案「平成20年10月13日试提出」）（有斐阁2008年）28页。
此后，加藤雅信在《日本民法改正试行方案的基本方向》一文中对调整后的民法改正草案债权编第6章侵权行为作了介绍，其中将第725条定为共同侵权行为等责任，内容与上述试行方案几乎完全一致。参见［日］加藤雅信：《日本民法改正草案的基本方向》，载 Jurist 2008年第1355号，第97页。

行为人的范畴，并未采用区分共同侵权行为与竞合侵权行为的立场，也没有《日本民法典》第719条第1款前段中的"关联共同性"概念。

第二，根据草案第666条第4款规定，法院认同对于贡献度较小的行为人，可以采取部分连带责任的立场。原本早在20世纪80年代的侵权法重述中就有提到，在贡献度微小的场合，法院有必要对此部分行为人的损害赔偿额进行斟酌。[①]关于共同侵权行为，草案第666条第4款同样规定在贡献度微小的场合，需慎重考虑该行为人的损害赔偿额度，应令其承担一部分连带责任而非全部赔偿的连带责任，以限定共同侵权行为的成立范围。此种主张可追溯到川井健的部分连带说，可以说民法改正草案也引入了该学说。

第三，通常成立共同侵权行为，受害人可以向任一加害人请求承担连带赔偿责任，责任人并没有主次之分。但根据草案第666条第5款规定，法院在尚未对主要责任人的财产执行的情况下，是不能向从属责任人进行请求的。[②]

然而该草案自公布之后，引起了广泛讨论。假如将各行为人的加害行为与损害之间的因果关系以及关联共同性等要件去除的话，仅仅作为关联行为人，有何依据能令其承担连带责任？对此，作为担当负责该草案侵权行为部分的大塚直认为，关于共同侵权行为的成立，根据以往最高裁判所的立场是要求行为人具备个别的因果关系，而学界则主张将关联共同性要件代替个别的因果关系。与这两种主张相比较，本草案无疑扩大了连带责任的适用范围。现今无论在司法实务方

---

① 参见［日］淡路刚久:《日本不法行为法⑬共同不法行为》，载 Jurist 1987年第898号，第91页。
② 参见［日］大塚直:《停止侵害与损害赔偿——不法行为法改正草案》，载 Jurist 2008年第1362号，第75页。

面，还是理论研究方面，都普遍认同只要在加害者之间存在主观上的联系，或是客观上的紧密的一体性的场合，即便不具备个别的因果关系，也可以直接令加害人承担连带责任，且不认同以贡献度为理由的责任减免。该草案却没有明确提及关联共同性这一要件，如此是否与通说相悖？另外，第666条第4款虽引入了部分连带说的主张，但是却在贡献度的描述上删除了学说中强调的"显著微小"之语言表达，并要求法院应考虑到除贡献度以外的一切相关因素，显然无限扩大了法官的自由裁量权。然而部分连带说出于限定责任成立范围的目的，提倡在加害人贡献度微小的场合，需慎重考虑该行为人的损害赔偿额度，那么在这种情形下是否应完全将赔偿额的决定权委托于法官自身的裁量？

大塚直在以往研究成果的基础上，并综合各方的讨论意见，对多数人侵权行为进行了重新划分。[1]第一种类型为各行为与损害之间

---

[1] 大塚直提出的修正草案如下：第725条第1款（具有主观共同关系的共同侵权行为）规定："数人基于共同的意思对他人实施侵权行为造成损害，各自对与共同行为有因果关系的全部损害负赔偿责任。"

第725条第2款（具有客观共同关系的共同侵权行为）规定："除前项规定的情形之外，数人基于共同的行为给他人施加了损害，各自对与共同行为有因果关系的全部损害负赔偿责任。但是，各行为人能证明自己的行为并非造成损害的原因，或者只造成了部分损害时，法院可以免除或减轻其责任。"

第725条第3款（择一的竞合）规定："如果不能得知究竟是多数行为人中的何人造成损害时，各行为人对全部损害负赔偿责任。但是，若能证明自己的行为并非造成损害的原因，或者只造成了一部分损害时，可以获得责任减免。"

第725条第4款（贡献度不明的责任）规定："在多数行为人确实对受害人施加了部分损害，但无法明确其损害范围的场合，各行为人对全部损害负赔偿责任。但是，若能证明自己的行为在损害的原因中的范围时，可以减轻其责任。"

第725条第5款（教唆帮助）关于教唆、帮助的规定未作修正，与现行民法第719条第2款，改正草案第725条第3款相同。

虽不存在明确的事实因果关系，但各行为之间存在关联共同性的情形（狭义的共同侵权行为）。第二种类型为各行为与损害之间的事实因果关系虽不明确，但有必要缓和其证明负担的情形。其中又可进一步分为两种情况，其一是由多数行为人中的一人的行为造成了损害后果，但尚未明确具体行为人的情形（加害者不明的场合）；其二是多数行为人确实对受害人施加了一部分损害，但尚未明确损害的范围的情形（贡献度不明的场合）。在以上两种情况中，各行为之间均不存在关联共同性。[1]

关于第一类型可与《日本民法典》第719条第1款前段相对应，在令加害者承担连带责任的前提下可进一步细化为，当各行为之间存在"主观的共同关系"的场合，各加害者之间若具备紧密的一体性，则承担全部赔偿责任，且不能以贡献度为理由主张责任减免。当各行为间只存在"客观的共同关系"的场合，可以根据加害人各自的贡献度进行减责。关于第二类型可与第719条第1款后段相对应，在加害者不明的场合，即多数行为人都实施了加害行为，但不能明确真正的加害人是谁，可以推定事实因果关系的存在。另外，在贡献度（加害部分）不明的场合，则属于对《日本民法典》第719条第1款后段的类推适用。

---

[1] 参见［日］大塚直：《停止侵害与损害赔偿——不法行为法改正草案》，载 *Jurist* 2008年第1362号，第78页。

第四章　多数人侵权理论在日本环境诉讼中的应用

环境问题以对人生命、健康、财产或生态环境的损害为表现形式，其解决对策的着力点在于救济受害人与防止损害的发生。其中所牵涉到的利益主要是受民法保护的权利和法益，因此在环境侵权的救济方式中，民法特别是损害赔偿法所起的作用占绝大多数。针对给社会造成深远影响的环境污染和生态破坏，立法活动与行政措施往往不能进行有效的对应，而司法，特别是民事诉讼则在解决问题中发挥了绝大多数作用。在日本涉及多数人侵权行为的案例中，单从数量上看公害诉讼占据相当大的比例。由于公害在多数情况下是由众多企业的生产经营活动造成的，若要追究多数加害人的侵权责任，除了直接适用若干环境污染损害领域的特别法之外，《日本民法典》第719条成为最直接的依据。特别像公害事件这样涉及多数加害人的情况，通过举证证明共同侵权行为的成立，可以直接追究各加害人的连带责任。

第一节　日本环境公害法的发展与现状

日本的环境问题可以追溯到明治维新后的近代工业大力发展时期，但真正运用法律制度对环境问题进行整治则开始于20世纪60年代。此后，伴随着社会高速经济增长的同时，全国各地公害事件频发，作为解决方式的法律政策相继制定，判例和学说从中也得到了长足的发展，时至今日，已形成了独立的公害法研究领域。关于日本环境公害法的历史发展可划分为以下四个时期。

一、日本环境公害法的四个发展时期

第一个发展时期为20世纪初到20世纪60年代的经济复兴期。作为环境公害法正式生成之前的历史时期，在日本的工业化进程中，环境问题也随之产生，并对居民的健康造成了损害，但此时却尚未形成系统的法律措施对这种损害进行有效的应对，以致环境公害问题的规模趋于扩大化。"二战"后日本确立了地方自治，针对环境损害的发生仅有若干地方性法律条例进行规范。像1949年东京都的《工厂公害防止条例》、1953年横滨市的《噪音防止条例》等以地方自治体为主导制定的，针对环境公害问题的解决措施，在法律政策方面率先进行了初步探索。

第二个发展时期为20世纪60年代到70年代间的经济高速增长期。在战后日本经济的高速增长时期，以往积累的环境公害问题也逐渐深刻化，随着公害受害程度的不断加深，受害者与造成污染的企业之间的矛盾变得不可调和，于是，在此时期的各种环境公害问题解决措施中，针对人身健康损害、生活妨害的法律制度纷纷确立，并形成了日本独具特色的公害法律体系。与此同时，一方面公害事件的频繁发生，另一方面政府却迟迟不能采取有效的对策，广大受害群体与相关地域的居民纷纷开展了以救济公害受害者、防止公害发生为目的的居民运动，而社会上这种反对公害运动的盛行，也成为推动日本环境公害立法的间接动力，例如在国家层面制定的"水质二法"[①]，《公害对

[①] 1958年制定的《公用水域水质保全法》与《工厂排水规制法》，合称"水质二法"。

策基本法》等即为此时期的代表性法律法规。除此之外，在70年代召开的"公害国会"上，正式将以往奉行的要"与经济发展相调和"的条款从《公害对策基本法》中删除，并于1971年设置环境厅，作为专门解决公害问题的对应机构。值得注意的是，著名的四大公害诉讼也是在此时期提起的，并最终获得原告胜诉的判决结果。

第三个发展时期为20世纪70年代到80年代间的环境政策停滞期。由于70年代石油危机的爆发，石油价格的波动直接导致日本国内物价的上涨，加之资源储备量不足，影响到了国民的生活水平，使国家经济增长一度放缓，1975年日本的经济增长率首次出现了战后增长的负数。于是政府开始实行抑制出口，扩大公共基础设施建设规模的政策，大力兴建高速公路、高架桥。同时经过实施四大公害胜诉后制定的严格环境政策，对社会中公害的治理也显现出一定成效，于是关于"重视经济发展"的观点又再度兴起，使日本的环境政策趋于停滞甚至是倒退。突出表现为二氧化氮的环境标准大幅度缓和，由1973年规定的日平均0.02ppm的环境标准改到1978年规定的0.04ppm—0.06ppm之间。

第四个发展时期为20世纪90年代至今的环境政策新调整时期。随着地球温暖化程度的加剧，日本环境法此时期呈现出了新的国际化趋势。在国际方面，于1992年召开的联合国环境发展会议通过了《环境与发展里约宣言》《21世纪议程》《森林原则声明》等多项决议，并正式引入了"可持续发展"的理念。这种国际发展动向的影响力不仅体现在对日本国内环境政策法律的制定上，而且也影响到了企业的具体行动措施和市民的环境意识的提高。例如日本的《环境基本法》倡导了"可持续发展"的理念，并主张在"环境能力有限"的前提下谋求经济发展，与之前70年代时期的《公害对策基本法》中"在经济发展的框架内实行环境保全"之观念有明显区别。此外，像90年代制定的《循环型社会形成推进基本法》，2008年的《生物多样性基本法》等都体现了新时期日本环境法的发展方向。[①]

二、日本环境公害法在发展中呈现的特点

综合上述各历史阶段概况，日本环境法的发展呈现出以下特点：

第一，对社会大规模环境公害问题的发生，立法与行政往往不能进行有效的应对，而司法，特别是民事诉讼则在解决问题中发挥了绝大多数作用。在日本社会反对公害的运动中，就是通过诉讼（主要是以请求损害赔偿与停止侵害为主的民事诉讼）方式来追究被告企业或行政机关的民事责任，由此来寻求救济受害者的有效途径，强化政策规制。这种以诉讼为救济方式的倾向在20世纪60年代到70年代之间体现得尤为显著，例如此时期最具有代表性的案例——1978年西淀川事件即是针对大气污染公害的民事诉讼。而且在同时期若干反对公害的居民运动，以及司法判例中，对因公害而遭受侵害的公民权利（包括人格权或环境权），污染者的法律责任（主要为民事责任方面）等方面的研究也取得了长足的进步，司法审判对日本国家层面的环境政策立法给予了巨大影响。

第二，在日本环境公害法的发展过程中，地方自治体[②]发挥了不

[①] 参见［日］日本律师联合会编：《环境法》，日本评论社2011年版，第14页。
[②] 关于日本的地方自治体，日本的地方自治制度来源于明治政府时期引入的普鲁士中央集权主义，该制度原本的历史根基比较薄弱，战后接受的"地方自治"制度由于受法制、财政的制约，如今仍不成熟。现在普遍认为，真正的民主主义应建立在健全的自治制度基础之上。而真正的地方自治，是基于地域居民自发的意愿，形成自有的地域社会并将其维持下去。参见［日］东京都公害局规制指导部：《东京都公害防止条例逐条解说》，公人社1971年版，第14页。

可忽视的作用。无论是在国家层面的公害法确立之前，还是对此后健康损害救济制度的创设，对公害防治协定的活用等，至少到20世纪70年代为止，各地方自治体针对地域公害所采取的政策，与同时期的国家政策相比，在标准的设定上更为严格，其先进性不言而喻。

第三，当前生态环境问题的解决呈现出多方权利救济视角下的诉讼形式多元化与兼顾可持续发展的新趋势。近年来随着经济全球化进程的加快，日本跨国企业纷纷将目光转向海外市场，将本国能源消耗高、污染严重的产业转移至发展中国家，造成当地的生态环境破坏，成为公害输出国。但由于发展中国家当地的经济发展政策或政治导向所致，再加之缺少环境司法方面的经验，以造成当地生态环境破坏为由起诉日本企业的环境公害诉讼极为少见。与此同时，从世界大环境来看，"可持续发展"成为当今主流意识，通过联合国召开一系列环境发展会议，令世界各国纷纷对地球环境问题引起了高度重视。这种国际发展动向的影响力不仅体现在对日本国内环境政策法律的制定上，而且也涉及了企业的具体行动措施。例如日本于1993年废止以往的《公害对策基本法》，制定新的《环境基本法》即倡导了"可持续发展"，并主张在"环境能力有限"的前提下谋求经济发展。此外，像20世纪90年代制定的《循环型社会形成推进基本法》，2008年的《生物多样性基本法》等都体现了新时期日本环境法的发展方向，同时从半个世纪以来的公害教训中认识到，预防在一国环境政策中的优先地位。尤其是进入21世纪后，由于此前的环境污染治理已初见成效，环境立法、行政措施出现了一时的停滞，除了传统的损害赔偿诉讼之外，以人格权、环境权为依据，要求停止侵害的诉讼数量不断攀升，同时政府作为被告也被频繁推上法庭，要求对政府的"不作为"和"反应迟缓"追究责任。这一时期的环境诉讼对政策方面的影响主要体现在针对积蓄型公害环境问题的扩大而进行了大量的专门立法，例如《循环型社会形成推进基本法》《景观法》《自然公园法》等。

由此可见，日本环境问题围绕的中心是以生命、健康为主的人格利益或生活上的利益遭受了侵害，如何对这种法益侵害进行救济则成为重要的研究课题，而民事诉讼则对问题的解决起到了巨大的作用。因此，曾有学者提出，在日本大多数人的印象中，若提到公害法，首先就会涉及民法，再进一步就是损害赔偿法。[①] 当然，随着社会环境问题的不断扩大深化，日本在立法、行政方面也采取了全面的应对策略，本章主要以民事诉讼在解决日本环境公害问题时所发挥的作用为研究内容，以及对所取得的理论研究成果的总结。以下，将从各时期具有代表性的环境公害案例入手，对日本法院在公害案件中的司法审查标准，并由此形成的判例法理，以及多数人侵权理论的应用等方面进行考察分析。

第二节　环境诉讼中的要件事实论

在日本的公害案件中，受害人对加害人提起环境侵权诉讼时，通常会适用《日本民法典》第709条与第719条关于多数人侵权的规定，关于是否成立多数人侵权行为需考虑以下三个方面的因素：一是各加害人主观上是否有故意或过失；二是加害行为是否具有违法性，抑或受害人的权利法益是否遭受了侵害；三是加害行为与损害后果之间是否存在因果关系。基于多数人的环境侵权行为造成了损害后果，各行

---

① 参见［日］西原道夫：《公害赔偿法体系的地位》，载有泉亨监修：《现代损害赔偿法讲座5卷》，日本评论社1973年版，第2页。

为人应如何承担责任才能使受害人得到应有的救济，平衡加害人与受害人之间的紧张关系，达到缓和社会矛盾的目的，这是环境侵权诉讼要解决的关键问题。

一、故意·过失与违法性要件

（一）判例的立场

在日本早期的环境公害案件中，所谓主观上存在故意，体现在加害人不仅能认识到损害结果的发生，还能认识到侵权行为所具有的违法性，即明知会导致严重的损害却仍然继续实施经营活动，排放污染物的行为。对于此类环境公害诉讼，法官在判决中认为加害人应承担因故意而造成的侵权责任。然而在司法实践中，由加害人承担故意侵权责任的案件数量相当稀少，大多数案件属于因过失而造成的侵权责任的类型。因此，过失责任的认定即成为环境公害诉讼中的主要问题。

通说关于过失责任的认定标准主要集中于两方面：一是主张只要加害人对于损害结果的发生具备预见可能性，就可以认定其存在过失；二是认为加害人存在过失，必须是违反了结果回避义务。这两种判断标准均在环境公害诉讼中得到了适用，例如在大阪制碱诉讼的终审判决中，将企业是否"建有与其行业性质相适应的污染处理设施"来判断过失责任的有无。在新潟水俣病诉讼和熊本水俣病诉讼两则案件中，将能"预见发生重大损害"的结果回避义务作为过失判断标准，也就是当预见到可能对人体产生重大损害的情况时，可以要求企业履行停产停业，否则即认定其有过失。

【大阪制碱事件案情概要】

本案中的被告大阪制碱公司是一家制造硫酸、肥料的公司，其工厂位于大阪市西区的安治川河口沿岸。原告共36名人员是位于该公司工厂西南方约220米左右的农用耕地的所有者以及土地租赁者。本案中原告认为，由于工厂排出的二氧化硫气体、硫酸气体造成了1906年、1907年两年度的米麦减产，因此向大阪制碱公司请求对减收部分的损害赔偿。

本案是因为工厂排放二氧化硫等废气造成农业损害，而请求赔偿的诉讼，在原审判决中，鉴定结果分别从被告工厂与受害农地之间的地理关系，对风向风速的调查，以及二氧化硫对植物所能造成的影响等方面进行研讨，据此认为从大阪制碱公司的工厂排放出的二氧化硫气体、硫酸气体与农作物受害之间存在因果关系，被告忽视调查研究的不当行为，以及在问题调查过程中不积极配合的态度都可推定为过失，即被告对损害的发生具有预见可能性却违反了应有的注意义务，因此被认定为存在过失，应承担相应的赔偿责任。

对于该判决，大阪制碱公司随后提起了上诉，以《日本民法典》第709条权利侵害行为的违法性作为要件进行判断，认为即使对他人的权利客体造成了不利的后果，若该行为不存在违法性的话，就不构成侵权行为。再者，从权利滥用的观点来看，该公司的行为也不属于侵权行为。对此，大审院认为应当以是否具备"适当的防止污染设备"作为判断过失的标准，做出了驳回上诉并发回重审的判决。

在大阪制碱案件的终审判决中，遵从大审院判决的逻辑思路，将企业是否"建有与其行业性质相适应的污染处理设备"作为判断过失责任的有无，考虑到当时防止污染的技术水平，该公司并未设置相当的防止污染设备，因此属于违反了结果回避义务，得出应予赔偿的结论。[1]

【新潟水俣病事件案情概要】

居住于新潟市内阿贺野川下游的居民及其死者家属等77名原告认为，因大量食用在阿贺野川中捕获的鱼类，从而患上有机水银中毒症的水俣病，对被告昭和电工股份公司提起了损害赔偿请求诉讼。在本案件中原告将请求范围缩小至赔偿费为死亡者本人一律1000万日元，生存患者根据症状程度分为1000万日元，700万日元，500万日元的3个等级，按照各自的情况进行了请求。对于原告的主张，被告公司否认了工厂对甲基水银化合物的生产以及排放，认为阿贺野川的鱼类如果有污染的话，其原因是新潟地震造成的港口仓库农药泄漏，对原告主张的因果关系进行了全面反驳。

作为本案争论焦点之一的过失，法院在判决中认为，化学企业在经营过程中应履行高度的安全管理义务。企业向河流排放污水，应当使用最先进的分析检测技术，对污水中有害物质的有无、性质、程度等进行调查，并基于调查结果采取相应的防范措施，防止危害生物受损与人体健康。原则上企业为了回避以上损害结果而决定采取的具体方法，应当与有害物质的性质、排放程度等预测的实际损害情况相适应。但是在即便拥有最先进的技术设备也有可能对人的生命、身体健

---

[1] 关于大阪制碱事件参见［日］大审院大正5年12月22日第一民事部判决（大正5年第816号：损害赔偿请求案件），民录第22辑，第2474页。［日］潮见佳男：《大阪制碱事件——大气污染与故意·过失》，载《环境法判例百选》（第2版），有斐阁2011年版，第4页。

康产生危害的情况下，则当然可以要求企业缩短营业时间，甚至还可以要求企业停止作业。也就是说被告方履行结果回避义务，不仅仅是企业要配置相应的设备，还包括停止作业。

【熊本水俣病事件案情概要】

位于日本九州地区熊本县南部水俣市的新日本氮肥股份公司水俣工厂在生产过程中排放的甲基汞对当地水源造成污染，从而导致水中的鱼类、贝类受到不同程度的污染，最终使以此水产品为食的当地数十万居民健康受损。其中的138名受害者于1969年6月14日向熊本地方法院提起诉讼，要求氮肥公司对所致生命、身体健康损害予以赔偿。地方法院于1973年3月20日做出判决确认了被告氮肥公司的损害赔偿责任。

关于本案中被告是否存在过失责任，法院在判决理由中认为，从工厂制造、处理的工艺过程中可以查明企业排放的废水里含有有机物汞，而大学与政府等机构的调查研究资料也可以肯定被告工厂的排水与水俣病之间存在因果关系。通常在向河流排放废水时工厂方当然应该会考虑到可能造成对动植物与人体的危害，然而在废水中尚未反应的原料、媒介、中间生成物和最终生成物之外，工厂方却没有考虑到危险的副反应生成物也有可能混入废水的可能性，在排放时也没有运用当时的技术和知识确认其安全性，以及采取必要的防治措施，因此违反了结果回避义务，可认定工厂方存在过失，应承担相应的损害赔偿责任。①

---

① 熊本水俣病事件参见［日］阿部满：《熊本水俣病事件第1次诉讼》，载《环境法判例百选》（第2版），有斐阁2011年版，第54页。

此外，当受害人的权利遭受到加害者的侵害时，这种侵害是否超出了受害人的忍受限度而具有违法性也成为判断侵权行为是否成立的关键因素，这是公害诉讼中的另一主要问题。忍受限度论指出，在发生公害时，当对被侵害利益的性质、程度与具体的加害行为之间进行衡量的结果超出了正常社会生活中可以忍受的限度，此时加害行为具有违法性。①例如，在电车煤烟造成松树枯萎而引发损害赔偿的信玄公旗挂松案件中，法院判决认为加害人权利的行使超过了一般社会观念上受害人应当忍受的限度，且不属于法律上适当调整的范围，涉及权利滥用，因其行为具有违法性而成立侵权行为。

【信玄公旗挂松事件案情概要】

日本国有铁路中央线日野春站附近有棵著名的松树，因曾经的战国名将武田信玄把旗帜挂在上面而被命名为"信玄公旗挂松"。此处铁道开始运营后，火车的煤烟、振动造成松树的枯萎，于是松树的所有者向铁路的所有者（国家）请求损害赔偿。

本案争论的焦点在于，对作为公共事业经营者的铁道公司而言，其权利的行使与个人所有的私权利之间应如何平衡。对此大审院在判决理由中指出，因社会共同生活中的个人行为对他人不可避免地造成了损害，但这种行为并不是通常意义上的权利侵害，他人必须给予必要的忍耐，这也是权利行使的适当范围。然而当这种行为被认为已超过了通常社会观念上应当忍受的限度时，则不再归属于权利行使的适

---

① 参见［日］大塚直：《环境法》（第3版），有斐阁2010年版，第666页。

当范围,此时即成立侵权行为。[1]据此,不论作为被告的铁路所有人是否知道煤烟对铁路线附近的松树造成损害,或即使因为被告不知道而没有采取相应的预防措施,放任煤烟损害而导致松树的枯死,虽然是经营公共事业所产生的结果,却属于超出了社会观念上一般应当容忍的范围,皆确定为属于过失而造成的违法行为,对原告的赔偿请求予以支持。

(二)学者的见解

随着判例法理的形成,学者围绕早期环境公害诉讼中过失要件与违法性要件的认定标准,以及上述两项基础要件之间的关系做出了若干阐释。

关于环境公害赔偿诉讼中过失的认定,德本镇认为传统的过失责任包括两个层面的含义,其一是带有"损害填补"和"规范个人自由活动的界限"意思的"一般过失责任",其二为只有助于"损害填补"的"披着过失外衣的无过失责任"。而环境公害损害赔偿责任不同于一般的过失责任,即使加害人尽到了注意义务,也有可能因回避上的困难而造成损害后果,所以无论是以违反预见性的义务为标准,还是以违反高度的结果回避义务为标准,过失的认定都有可能缺乏结果的妥当性。[2]因此,环境公害赔偿责任更趋向于是"披着过失外衣的无过失责任"。

淡路刚久认为在环境公害赔偿责任的认定中无需考虑违法性因

---

[1] 信玄公旗挂松事件参见[日]大审院大正八年3月3日民录第25辑,第356页。[日]内田贵:《民法2 债权各论》,东京大学出版会2005年版,第341页。
[2] 参见[日]德本镇:《企业侵权行为责任研究》,一粒社1974年版,第128页。

素，并将判例法理中关于违法性要件所论及的"忍受限度论"进行了重新解释，提出了新忍受限度论，即当损害超过了"忍受限度"，不论预见可能性存在与否，都不影响过失的认定。预见可能性作为决定过失成立与否的实质性判断标准其实并没有起到应有的作用，也不应该起作用。对于过失的判断，"被侵害权益的重大程度"才是最重要的因素。①

采取过失·违法性二元论主张的泽井裕认为，"过失"包括"作为归责原因的过失"和"作为违法要素的过失"两部分内容。其中"作为归责原因的过失"是指在有预见可能性的前提下，违反了结果回避义务；"作为违法要素的过失"是指加害行为的具体形态。在大阪制碱事件中大审院认为企业违反污染防止措施即属于"作为归责原因的过失"，将过失作为违法性的一个要素。由此可见，企业违反污染防止措施不仅应认定为存在过失，还会涉及违法性的问题，因此即使企业事先在技术层面已实施了必要的污染防止措施，若发生重大损害也会被认定为具有行为上的违法性，从而成立侵权行为。②

作为日本侵权法原则性规定的第709条，即采用了过失责任主义。根据过失责任主义，仅限于在行为人尽到深刻注意义务的情况下才不会被追究侵权责任，所以作为保障人们行为自由的理论根据，过失责任是适合于近代社会运行的法律基本规则。然而随着产业技术水平的提高、能源的大规模消耗利用、高速交通工具的极速发展而引发的公害、产品责任、交通事故等案例数量不断攀升，如何对受害人进行救济成为社会性问题。此时期的日本，除开始引入无过失责任主义之

---

① 参见［日］淡路刚久:《公害赔偿理论》，有斐阁1975年版，第108页。
② 参见［日］泽井裕:《公害之私法研究》，一粒社1969年版，第124页。

外，在过失责任主义的适用范围之内，开始积极地寻求尽可能对受害人进行保护的理论阐释，这就为侵权法理论研究中的过失要件再检讨提供了的发展契机，产生了不同主张的学术观点，由此引发了20世纪日本侵权行为法学研究的"混乱态势"，这种态势在环境公害赔偿诉讼领域尤为体现得淋漓尽致。

从学说的发展可以看出，日本学术界是将公害诉讼中的过失要件放置于整个侵权行为法体系中来进行探讨的。多数学者赞同结果回避义务违反与否是环境公害诉讼中对过失进行判断的核心要素。[1]在法律适用上，通常将《日本民法典》第709条的一般侵权行为和第719条的共同侵权行为进行统合之后，看加害人的行为是否违反了结果回避义务，具体要根据行为的危险性、加害人之间的关系等方面进行综合判断。因此当加害人持有高度危险性物品并进行生产经营时，有必要对其科以高度的损害结果回避义务。[2]另外，在环境公害诉讼中也有依据特别法的规定，直接适用无过失责任的情况，例如关于大气污染、水质污染的案件，对工厂或企业在生产经营过程中造成的人身损害进行追责即适用的是无过失责任，只要能证明损害后果的发生是因工厂方面的排烟或排水等造成的即可。

（三）小结

明治维新之后，日本开始加速其工业化进程，在当时富国强兵、产业振兴的政策背景之下，直到20世纪中期，以防止环境破坏为目的规制产业的法律制度体系，以及救济公害受害者的法律制度体系皆

---

[1] 参见［日］平井宜雄：《债权各论》，弘文堂1992年版，第27页。
[2] 参见［日］大塚直：《环境法》（第3版），有斐阁2010年版，第664页。

不存在，对公害中的民事救济方面的研究也并不很充分。此时期对发生的对环境污染受害者进行救济的案件主要依据民法上的侵权行为规定进行处理。以上两则案例即为此时期著名的古典公害事件，采取的是一种过失推定，只要有损害结果就可推定被告具有过失，从而使被告承担损害赔偿责任，带有"结果责任论"的意味，时至今日仍然以公害事件的先例加以引用。其中，关于工厂污染环境的公害事件，首先提起民事诉讼的是1916年由大审院做出判决的大阪制碱事件。随后，以大正时期的大阪制碱事件、信玄公旗挂松事件中的大审院判决为契机，理论研究领域也开始了对公害民事诉讼判例法理的探讨。其间主要讨论了过失责任的认定标准、环境侵权行为与权利滥用的关系、忍受限度论以及所谓的"基于合法行为的侵权行为"等问题，学者普遍认为，"按照当时的技术水平没有配置相应的防止设备"即为过失，而且，即使在这点上没有过失，"已设置适当的防护措施，结果却导致他人受到损害，建立这样的工厂本身也有过失"，关于违法性应该以考虑社会生活中忍受限度的范围为基准。然而此时期大多是针对农作物或树木等受到损害的案例，以企业经营活动为唯一的原因，并没有考虑到其他因素的存在，理论研究的活跃度并不高。

进入20世纪60年代，基于日本社会中掀起的大规模反对公害的群众运动，作为应对举措，首先从地方自治体层面开始制定了符合当地情况的具体公害对策。与此同时，反对公害的社会舆论影响力日渐发展壮大，在这种社会背景下，大量追究企业民事责任的公害诉讼被相继提起。以此时期的四大公害诉讼为代表，在令周边居民健康受害的事件中，企业能否预测且回避损害结果，原本并不十分明确，企业活动和损害之间的因果关系也不明确，对应这些以往没有的问题就成为解决公害赔偿诉讼的关键。在这个时期的日本公害诉讼司法实践中，鉴于加害人过失的存在是承担责任的基础，因此法院普遍采用了以是否违反结果回避义务作为确定过失标准的立场，这一标准是以企业是否采取了相当的防止措施为依据的，当此标准设置得较为严格时，过失就容易确认。而在此后的四大公害诉讼判决中，法院几乎全部采用了这种注意义务严格化的判断标准，通过认定加害者存在过失，认定侵权责任的成立，使原告获得全面胜诉。例如新潟水俣病事件和熊本水俣病事件即是将"预见发生重大损害"的结果回避义务作为判断依据，在预见到可能对人的生命、身体健康产生重大损害的情况下，可以要求企业履行停产等较重的结果回避义务，实际上也是更进一步的过失判断要求。

随着日本社会公害诉讼种类的不断更新，受害范围也呈不断扩大的发展趋势，致害原因越发的复杂，在解决以往公害诉讼问题的同时，各种新问题不断出现。例如在被告为联合企业的场合，如何适用与共同侵权行为相关的《日本民法典》第719条规定，关于公害的停止侵害请求在何种法律根据下需要何种要件等新问题随之产生，针对这些问题，无论实务界还是学术界皆要求在参照司法判例和外国法的基础上进行更深层次的理论探索和研究讨论。

二、因果关系要件

因果关系是加害行为与损害后果之间引起与被引起的内在必然联系。日本关于环境侵权行为因果关系要件的认定一般采用的是相当因果关系说，也就是某一事实在同一条件下被认为可能发生同一结果时，此条件与结果之间即存在因果关系。对与侵权行为具有的事实因果关系进行法律判断，通过确认相当因果关系确定责任范围。若令加害人对公害中的损害进行公平分担，不仅应从主观方面对过失进行分析，还必须从客观方面对因果关系进行修正。然而，从污染环境、破坏生态行为的发生到损害后果的显现，其中的致害过程非常复杂，加害行为对生态环境产生的消极影响通常要经过漫长时期的扩散、转化才能显现出来，生态环境侵权具有长期性、潜伏性、复杂性、广泛性的突出特点。受限于当前的科技发展水平，以及受害人与加害人在社会资源把握上的不均衡，按一般的诉讼程序要求受害人举证证明环境公害案件中的因果关系对受害人是极为不利的，举证难是在环境公害诉讼中制约原告获得胜诉的重要因素。基于生态环境侵权行为的特点，为充分保护受害人的合法权益，法律一般规定因果关系推定规则，即举证责任倒置。采用举证责任倒置会令侵权行为成立的概率增大，加重了侵权行为人的举证负担，在立法政策上更侧重于对被侵权人利益的保护。以此为出发点，在以四大公害案件为代表的日本环境诉讼判决中，法院对因果关系证明规则的转变做出了积极的尝试，学者也结合司法实践提出了关于因果关系推定规则的多种观点。与此相关的几种因果关系理论有盖然性说、间接反证说、疫学因果关系说等。由于立法对因果关系推定规则没有作明确规定，所以在司法实践中会采取不同的分析角度。

（一）环境公害诉讼中的因果关系证明规则

1.盖然性理论

在关于环境公害的民事救济法律关系中，为了避免因举证困难而对受害人产生的不利后果，对因果关系的认定标准采用了盖然性说。该学说认为只要原告能证明加害行为引起损害的可能性达到一定程度，而被告对此又不能证明因果关系不存在的话，就应当推定因果关系的存在。[①]有学者指出，盖然性说实质上是谋求证明责任转换的学说，是事实上的推定的一种应用情况。法院在民事审判中也采用了以上观点，提出公害案件中的原告（受害人）只需出示"相当程度的盖然性"证据即可，因果关系证明并不一定要用严密的自然科学证明损害的发生机制，只要是依据经验法则证明具有高度盖然性就可以推定存在因果关系。

作为该学说的理论依据，从"原告受害人方具有对被告企业的生产活动了解生疏、公害知识缺乏、诉讼资金短缺等方面的实际情况，被告方则精通企业业务，还拥有具备高度知识·技能的从业人员，诉讼经费也很充足等情况"来看，这种主张有助于对双方权益进行公平的保护。

盖然性说不仅在环境公害诉讼中迅速得到推广，而且在医疗诉讼中也得到了法院的广泛应用，被确立为包括公害事件在内的侵权行为因果关系证明的一般原则。

2. 间接反证理论

关于环境公害诉讼中的因果关系认定标准，在继续沿用盖然性说的同时，也不能否认其在证明责任的具体方式上有所欠缺，因此为了进一步减轻受害人的举证负担，又发展出了间接反证说，即受害人可以就因果关系提出若干个间接事实的证明，如果能证明因果关系链条中的一部分事实，那么这些事实可以通过经验法则推定其他事实的存在，当加害人不能提供因果关系不存在或对其证明予以质疑的证明时，就应当认定存在因果关系。[②]

[①] 参见［日］内田贵：《民法2　债权各论》，东京大学出版会2005年版，第362页。
[②] 参见汪劲：《环境法学》（第2版），北京大学出版社2013年版，第288页。

该学说的提出在一定程度上是受了新潟水俣病第一次诉讼判决的影响。在新潟水俣病事件中，法院把因果关系的要件事实具体分解成三部分，即受害人疾病的特征和原因物质（病因论）、该原因物质到达受害者的途径（污染路径）、企业排放了原因物质并有从其生成到流出的过程事实。把这些因素通过间接反证理论进行重构，原告只要能证明其中的两个事实，对于剩下的一个事实只要被告不能加以反证，就不能否定因果关系的存在。[1]关于因果关系的认定，法院认为证明因果关系存在与否，在查明受害人所得疾病的性质与病因物质，以及病因物质污染路径的情况下，如果在受害人寻找到的污染源中，公害原因物质已经到达了"企业的门前"，那么只要企业方面不能举出反证证明该物质无害，就可以推定因果关系的存在，由此成立侵权行为。[2]也就是说，举证证明该案中因果关系的存在，只需原告一方证明了病因的存在和"对污染源的追查路径能到达企业门前"，假如被告企业不能举证证明没有排放原因物质，就可以从事实上推定因果关系的存在。由此可见，间接反证说把证明因果关系所需的因素具体化，并在其中减轻了受害人的举证责任，反而对试图减免责任的加害人附加了更严格的举证责任。

3. 疫学因果关系理论

鉴于公害致人健康受损的认定过程相比于其他损害的认定更为复杂，日本法院在公害致人健康受害的诉讼中普遍采用了疫学因果关系

---

[1] 参见［日］交告尚史、臼杵知史、前田阳一等：《环境法入门》，有斐阁2005年版，第201页。
[2] 新潟水俣病事件参见［日］川岛四郎：《阿贺野川·新潟水俣病事件第1次诉讼》，载《环境法判例百选》（第2版），有斐阁2011年版，第46页。［日］新潟地方裁判所昭和46年9月29日民事判例集第22卷第9、10号别册，第1页。

论。^①所谓疫学上的因果关系是指，通过统计的方法检验证明生活环境中的某种因子与疾病的发生是否有关联，并记述该污染因子和疾病之间概率性的因果关系。^②如果在判例中证明存在疫学上的因果关系，就可以直接认定存在法律上的因果关系，从而通过侵权行为的成立追究加害人的侵权责任。

【痛痛病事件案情概要】

位于神通川上游的神冈矿业所隶属于三井金属公司，主要进行铅、亚铅等重金属的采掘冶炼，在生产过程中将未经处理的废水排入神通川，致使高浓度的含镉废水污染了水源。用这种含镉的水浇灌农田使农作物生长不良，由此产生的"镉米""镉水"令神通川两岸的居民食用后罹患了痛痛病。患者以致病原因来自于神冈矿业所排出的含镉废水为由，向三井金属公司进行交涉，请求补偿，三井金属公司否认了镉为致病原因的主张，并拒绝与患者交涉。1968年，以生存患者及死亡患者的继承人为原告，向富山地方法院提起诉讼，请求损害赔偿。

本案的争论焦点在于神通川流域发生的被称为痛痛病的症状，如全身疼痛、骨头变脆，是否是被告企业排放的镉所造成的，即因果关系的认定。对此，法院基于此次公害事件无论在加害行为的实施，还是损害结果的发生，其时间、空间跨度都非常大，对受害群体的生

---

① 疫学，通常被称为流行病学（epidemiology），是医学上研究特定人群中疾病、健康状况分布及其决定因素，并研究防治疾病及促进健康的措施的科学和方法。
② 参见［日］内田贵：《民法2 债权各论》，东京大学出版会2005年版，第365页。

命、身体健康等损害后果均无法准确认定，因此采用了疫学上的因果关系原理作为判断因果关系有无的标准。

法院在判决中认为，进行严格的病理上的证明是没有必要的，只要在流行病学上可以充分证明镉与发病之间存在因果关系，并证明镉的影响强度与疾病的发病率大致相关，且没有特殊的反证时，就可以认定侵权行为的成立。在痛痛病事件中，法院判决指出，在仅靠临床医学和病理学角度探讨均不能充分地解释因果关系的情况下，活用疫学知识能够证明疫学上的因果关系，就等于认可了法律上存在因果关系，只要临床医学和病理学的解释不足以推翻以上证明，就应当认为存在法律上的因果关系。[1]在该案中，正是由于存在疫学上的因果关系，才认可了镉是造成痛痛病的原因。这一方法在此后得到了广泛运用，通过采用疫学因果关系理论推定公害致人健康受害与原因之间存在因果关系，从根本上降低因果关系的证明难度。

（二）小结

在各类判断因果关系的学说中，盖然性说曾一时占据了多数说的地位，对此有学者质疑，对因果关系的判断只是证明有盖然性即可，会导致案件审理只经法官的自由心证而结束的后果，因此有必要分析盖然性说中的证明与一般诉讼法上的证明究竟有何种程度的差异。从此种观点出发，将与民事诉讼有关的间接反证论援用于公害赔偿诉讼中的因果关系证明，进一步减轻了受害者的举证负担。[2]同时，诉讼

---

[1] 痛痛病事件参见［日］吉村良一：《痛痛病事件——基于公害的疫学上的因果关系》，载《环境法判例百选》（第2版），有斐阁2011年版，第50页。

[2] 参见［日］好美清光、竹下守夫：《痛痛病第一次诉讼第一审判决的法律探讨》，载《判例时报》1971年第646号，第108页。

法学者间也展开了间接反证理论本身是否恰当的讨论，其认为间接反证仅是从要求诉讼程序中当事人实质平衡的角度，对证明责任进行单纯的转换而已。对于公害赔偿诉讼中的事实因果关系的证明，仅适用间接反证论仍不够充分，应在采用盖然性说的基础上，引入疫学因果关系论，只要存在疫学上的因果关系，即为有超过盖然性的充分的因果关系证明。在司法实践中，鉴于公害致人健康受损的认定过程相比于其他损害的认定更为复杂，日本法院普遍采用了只要存在疫学上的因果关系，即为有超过盖然性的充分的因果关系证明的观点，即疫学因果关系论。

然而，疫学上的因果关系不同于法律上的因果关系，其是在证明了基于疫学上的病因论的基础上，才能同其他证据一起证明污染的路径。于是，基于疫学上的因果关系进行法律上的因果关系认定时，增加了高度盖然性的因素。也就是说，疫学上的因果关系并不表明某一特定损害的形成原因，而属于一种集团性的因果关系，因此在环境公害诉讼中，究竟能否从疫学上的因果关系直接过渡到具有高度盖然性，从而推定出受害者个别因果关系的存在仍然是需要解决的问题。针对此问题，有学者提出应区分不同的情况：在发生特异性疾病的场合，正如痛痛病那样想象不到镉以外能够引发这种病症的原因，就可以通过疫学上的因果关系直接认定个别因果关系存在，即特定受害者在个别因果关系上存在高度盖然性。在发生非特异性疾病的场合，因果关系的判断要复杂得多，例如当某疾病的发生除了是企业排出的污染物所致之外，还存在居民生活习惯、居住环境、工作条件等多方因素的集合，在没有更高的患病概率的情况下，并不能直接以具有高度盖然性推定因果关系的成立。只有像四日市公害事件那样，能证明暴露于污染物质者患有此种疾病的概率是非暴露者的5倍以上的情况下，而且暴露者中80%以上都是由于污染物质罹患疾病，才能从疫学上的因果关系推定个别因果关系的成立。①

三、责任承担方式之停止侵害

（一）停止侵害的理论依据

日本对于生态环境侵权的救济方式有二：一是作为事后救济措施的损害赔偿，二是作为事前救济措施的停止侵害。通常因侵权行为引起的损害赔偿以金钱赔偿为原则，但是由于环境公害诉讼案件的特殊性，当造成了生态环境损害，且这种损害状态会保持持续状态时，仅对受害人实施事后的救济并不能解决问题，还应该对环境侵害行为进行事前的禁止或令其停止侵害，以防止损害结果的发生。

所谓停止侵害，是指正在进行的环境侵权行为对他人人身、财产或生态环境等社会公共利益造成了现实的损害，或足以危及他人人身财产等方面的安全，受害人依法请求行为人停止侵害行为。在日本停止侵害诉讼多应用于环境公害案例，例如请求企业停止污染环境的生产活动，或采取措施防止环境侵害行为的发生；请求公共设施管理人禁止侵害居民身体健康、影响日常生活的行为等。当提起停止侵害之诉时，由于日本民法并没有关于停止侵害的明文规定，那么究竟基于何种理论依据主张停止侵害请求权则成为主要的研究问题。

在生态环境侵权纠纷中，经常有一些可能造成损害的危险存在，例如住所地附近建筑工地产生的噪声、震动、强光影响了居民的日常生活，长此以往会导致附近居民健康受损。从积极预防的角度出发，

---

① 参见［日］星野英一、森岛昭夫编：《现代社会与民法学的动向》，有斐阁1992年版，第232页。

受到环境侵害行为干扰的受害人可以基于合法性权利向加害人提出停止侵害这种预防性的请求。关于停止侵害请求权的理论依据向来存在侵权行为论和权利论的对立。

侵权行为论认为，停止侵害作为侵权行为的法律效果之一，与损害赔偿一样是侵权责任的主要承担方式，因此需要具备《日本民法典》第709条一般侵权行为所需的故意或过失、行为具有违法性或权利侵害、损害后果以及因果关系要件。当然也有用忍受限度置换故意、过失、违法性要件的观点。司法实践中也出现了适用侵权行为说的判例。

权利论则主张以绝对权为依据请求停止侵害，这种绝对权属于排他性的权利，比如物权、人格权等。因此权利论又可进一步分出物权说、人格权说、环境权说等主张。

日本民法关于停止侵害请求权的明文规定是第198条的排除妨害请求权和第199条的预防妨害请求权。从物权说的角度分析，权利人在权利遭受侵害，或有被侵害可能的时候，基于物权而请求侵害人恢复其物权的圆满状态，并回复到危险产生之前的状态。停止侵害请求权就是为了排除不法侵害，实现应有的法律状态而产生的。但是物权说仅关注到对物的权利人的保护，那些对物没有支配权的主体如何主张权利的实现？对此并没有涉及。尤其是在生态环境侵权纠纷中，除了财产权益，人身权益、公共利益均会遭到侵害，特别是对人生命、健康等方面的侵害，是物权说不能涵盖的。因此，关于停止侵害请求权的理论依据，除物权请求权之外，还存在人格权论和环境权论两种基本的学说。

环境权论主张公民享有享受良好环境的权利，作为一项基本人权，其内容不仅包括维护居民的生命、身体健康，还要避免对不可能恢复的生态环境进行破坏，并且不允许以"公共性"理由进行抗辩。具体而言，环境权论的内容包括以下两个方面：其一，从资源共有的角度出发，像日照、水、大气、自然景观等资源属于人类共有，当这些资源遭到侵害时，作为共同所有人的当地居民有权请求行为人停止侵害共有资源的行为。其二，从个人角度出发，当加害人的行为有损害居民良好生活环境的危险时，应认同个人具有停止侵害的请求权。[1]虽然环境权论对日本的立法、司法、行政存在很大的影响力，但是由于环境权的权利性质和主体范围仍不甚明确，至今，法院都没有从正面认同环境权论。

人格权论认为，因人格权与物权一样具有绝对权的性质，由此出现了基于侵害人格权构成停止侵害请求权的判例。但是，仅根据侵害人格权的主张，并不能认可禁止事前侵害行为，此时还需要以维护社会整体利益为前提，对加害人和受害人的各种情况进行衡量，看侵害行为是否超出合理的忍受限度。不论在权利的构成上还是在侵权行为的构成上，在发生小规模公害的情形中对是否超出合理忍受限度进行利益衡量是不可回避的。[2]在此基础之上，学者对停止侵害请求权要件论的构筑[3]，以及对抽象的不作为请求之合法性等问题进行了探讨。

另外，受英美法的非法妨害理论之影响，认为停止侵害请求权的根据在于权利侵害的继续性（继续的权利侵害说），即使超过了损害

---

[1] 参见［日］大塚直：《生活妨害的停止侵害的基础考察（8）》，载《法学协会杂志》1986年第32卷，第32页。
[2] 这里说的受忍限度论又叫作相关衡量论。
[3] 参见［日］泽井裕：《公害停止侵害的法理》，日本评论社1976年版，第296页。［日］淡路刚久：《公害环境问题与理论》，有斐阁1985年版，第115页。

赔偿的忍受限度，也有从侵害行为人的社会利益角度出发，否定其停止侵害请求权的情形。诸如像道路公害诉讼那样与"公共性"相关的案件，就存在即使认可金钱赔偿请求，也不认可停止侵害请求的判决。在有复数污染源的环境公害案件中，以作为污染源的企业为被告，以被起诉企业的污染物排出量为限度，若超出这一限度就能认定原告的停止侵害请求权。

（二）停止侵害理论在环境公害判例中的适用

相比于损害赔偿这种迫不得已的责任承担方式，停止侵害在防范环境污染和生态破坏行为方面更能防患于未然，属于比较积极的责任承担方式。自20世纪70—80年代开始，由于日本对之前的公害治理取得了一定成效，此时期的环境诉讼开始呈现出新的发展趋势，即不仅限于对受害人进行损害赔偿的事后救济，而且还热衷于要求立刻停止继续发生的污染或提前防止公害发生的事前预防。这主要是由于自四大公害诉讼原告取得胜诉以来，被告企业方的责任开始明确化，在此基础上，日本环境公害诉讼的重点便转移至以预防为宗旨的停止侵害之诉。例如大阪国际机场诉讼即为由居住在关西机场周边的居民提起的，除损害赔偿之外，还请求对飞机起升、降落时产生的噪声、振动予以停止的代表性案例。

【大阪国际机场事件案情概要】

1964年后，由于在大阪关西国际机场开始运营喷气式飞机，第2飞机跑道也投入使用，噪声的危害程度加剧。原告（共计302名）为过去或现在居住于本案机场附近的居民，认为飞机升降产生的噪声、振动，排放的废气，使身体、精神、日常生活都受到了损害，将机场的管理者——国家为被告，要求①根据人格权及环境权，主张晚上9点到次日早晨7点间停止飞机飞行，②基于《日本民法典》第709条、《日本国家赔偿法》第2条第1款请求非财产性的损害赔偿，③直到禁止夜间飞行，以及确实降低噪声为止的将来性损害赔偿。

在本案一审判决中，关于原告提出的3项诉求，①基于人格权认可了晚上9点到次日早晨7点之间停止飞行的请求，驳回③的请求，否定了②中的非财产性损害。关于对原告日常生活的妨害，根据《日本国家赔偿法》第1条第1项规定，认可了范围在10万—50万日元之间的4个等级的赔偿标准。对此判决均表示不服，并进行了上诉。

在本案上诉审判决中，以一审确认的损害为基础，认为噪声、振动、废气排放等行为与原告的身体损害之间具有因果关系，因此对全体居民而言，至少存在侵害上的现实危险性。关于原告诉求①，法院认同了作为民事诉讼的合法性，以人格权为理论根据判令晚上9点以后应停止飞行。关于被告主张的停止飞行会造成公共损失的反论，认为应该以具体的侵害行为是否超出合理的忍受限度为判断标准。关于②，继续否定了原告的非财产性损害赔偿的请求。关于③，与一审判决不同，承认了其中的一部分请求。即对直到停止晚上9点以后飞行为止的这段时间原告的赔偿请求获得了认可。①

大阪高等法院以人格权论为依据，在判决中全面认同了原告的停止侵害诉求。从理论层面上讲，此类诉讼的过程体现了居民对享受良好环境的要求，环境权论就此登场。但是由于侵权法上停止侵害的理

---

① 关于大阪国际机场事件参见［日］田井义信：《大阪国际机场事件——基于人格权的停止侵害与将来性损害赔偿》，载《环境法判例百选》(第2版)，有斐阁2011年版，第86页。

论根据为私法上的权利，而环境权的权利主体范围和权利内容仍不甚明确等因素的存在，法院并没有从正面认同环境权论。

除此之外，同时期还出现了一系列与道路公害问题相关的停止侵害之诉，例如名古屋新干线诉讼、国道43号线诉讼等。法院通过对加害者一方和受害者一方的各种情况进行比较衡量之后认定是否具有违法性，其判断的标准在于侵权行为是否超出合理的忍受限度。而且，由于停止侵害诉讼不仅对加害者本身，还会对社会公共秩序产生一定影响，一般认为请求停止侵害应该比请求损害赔偿的违法性要件更加严格。

【名古屋新干线事件案情概要】

日本东海道新干线途经的名古屋站附近沿线是该市人口最为密集的地区之一。该地区自1964年新干线开始运营后立刻发生了电视信号接收的障碍，而且随着客运量的增大，沿线附近受到噪声、振动的影响程度也逐渐加剧。因此，该地区的居民们组成了居民团体，对日本国有铁道（当时）提诉讼。

在本件诉讼中，原告提出以下请求：（1）基于人格权、环境权，对特定时间段内由新干线行驶而产生的噪声振动，若超过一定标准并侵入居民区则予以禁止（标准定为：早上7点到晚上9点之间噪声65分贝，振动每秒0.5mm。特别是早上6点到7点以及上午9点到12点之间55分贝，振动每秒0.3mm）。（2）根据《日本国家赔偿法》第2条第1项等规定，对因过去噪声振动的受害者，一个人支付100万日元的赔偿金。（3）对直到禁止噪声侵入为止的这段时间，作为将来的损害赔偿金需要支付给每人月额2万日元。一审判决中，关于（1），法院认为禁止噪声侵入会对社会造成更大的损失，驳回了原告请求。

关于（3）将来的损害赔偿问题，也以没有必要进行诉讼为由驳回。关于（2）的过去的损害赔偿问题，则认同了原告的请求。①

【国道43号线诉讼案情概要】

被告1（国家）为从大阪市到神户市之间长约30公里的国道43号线管理者，被告2（阪神高速公路团体）为43号线占地内高架汽车专用车道的管理者。原告为居住在道路沿线的居民。原告以道路上行驶的汽车所产生的噪声、振动和排放的尾气造成了当地环境破坏，居民健康损害为由，向法院起诉要求损害赔偿与停止侵害。

关于本案，最高裁判所在损害赔偿请求权的判断上，尽管认可了道路在地域间交通和产业经济活动中的"公共性"，但不能由此认为周边居民由于这一道路的存在所获得的利益与所遭受的损害之间存在互补的关系，因此不能认定居民蒙受的损害由于"公共性"的存在属于在合理的忍受限度之内。而关于停止侵害请求权的判断上，则肯定了道路在地域间交通和产业经济活动方面的"公共性"，做出属于忍受限度内的判断，对原告停止侵害的请求不予支持。②

第三节　经典案例分析与判例法理的形成

公害的发生在大部分场合是由多家企业的经营活动造成的。在日

---

① 名古屋新干线事件参见［日］浦川道太郎：《名古屋新干线事件》，载《环境法判例百选》（第2版），有斐阁2011年版，第88页。名古屋地方裁判所昭和55年9月11日《判例时报》第976号，第40页。

② 国道43号线诉讼参见［日］野村丰弘：《国道43号线诉讼上诉审判决》，载《环境法判例百选》（第2版），有斐阁2011年版，第100页。

本公害赔偿诉讼中，被告方通常以民法中的侵权行为规定作为请求损害赔偿的依据，具体包括第709条的一般侵权行为与第719条的共同侵权行为，而在法律适用方面起到主要作用的则是第719条。例如1972年修改的《大气污染防治法》《水质污染防治法》时明确追加了无过失责任和共同侵权行为的原则规定。自公害诉讼从无到有，再到至今形成了较为完备的判例法理体系，对《日本民法典》第719条解释论所发挥的作用不容忽视，其中所包含的学说之发展与判例法理之形成互为影响，相辅相成。在司法实践中，以四大公害诉讼为契机，法院对各类复合污染环境损害赔偿诉讼中多数加害人共同侵权责任的认定，基本上维持了客观关联共同说的原则立场，并根据案件的具体情况采取了类型说的不同观点，承认主观与客观并用的判断标准。随后几十年间相继涌现出一系列典型案例，例如四日市哮喘损害赔偿请求诉讼、西淀川都市型复合污染诉讼、名古屋南部大气污染公害诉讼、首都圈建设石棉诉讼等。法官在判决理由中对学说的活用以及同时期的学者对判决的评价共同构成了多样化的共同侵权行为解释论。以下通过具代表性的典型案例分析共同侵权行为理论在环境诉讼判决中所发挥的作用。

一、存在多数加害人的公害与共同侵权

【山王川事件案情概要】

原告（共121名）以茨城县山王川的河水作为灌溉用水进行水稻栽培，被告（国家、国营工厂）在山王川上游地区开设了一间造酒工厂，并自20多年前至今一直将提炼出酒精后的废水排入河中。1958年该地区发生了罕见的旱灾，原告不得不将仅剩的河水全部用作灌溉。此时的被告没有引进除去多余氮成分的机器设备，仍将酒精废水直接排放到

河中，使河水中的氮成分含量升高，造成水稻大规模减产。此后，由于河水受到污染，原告又挖掘了4口深水井用以灌溉。原告认为水稻减产以及挖掘深水井所造成的损害是由于被告没有及时引进除去多余氮成分的机器设备，并直接将酒精废水排放到河中所致，根据《日本国家赔偿法》第2条，《日本民法典》第709条向被告请求损害赔偿。

一审判决认为，损害结果发生的直接原因是废水的排放，而且是由于被告工厂在管理或设备方面有瑕疵所造成的，因此被告方存在过失。同时挖掘深水井的费用也是为了避免遭受损害而采取的不得已措施，由此对原告的诉讼请求予以支持。被告不服提起上诉。在最高裁判所的终审判决中驳回上诉，最终适用《日本民法典》第719条，认定成立共同侵权行为，判决国家对全部损害承担连带责任。[①]

本案判决的重要论点在于以下两方面：其一，关于对《日本民法典》第719条规定中"共同"的认定标准，去除了"共谋"等主观方面的要件，直接采用"客观的关联共同性"的观点。其二，关于共同侵权行为的认定标准，若共同行为人各自的行为具有客观上的关联，并共同违法施加了侵害的场合，每个加害人应该对与违法加害行为存在相当因果关系的损害后果承担赔偿责任。因此，法院认为，针对本案中由河水污染引起的损害赔偿请求，是被告向河中排放废水导致的，应在相当因果关系范围内对全部损害承担赔偿责任。本案是最高裁判所首次以明确的态度表明对共同侵权行为的认定采取客观关联共同说的立场，从此客观的关联共同说便确定了通说的地位。

[①] 参见［日］最高裁判所1968年4月23日民事判例集第22卷第4号，第964页。［日］藤村和夫：《山王川事件》，载《环境法判例百选》（第2版），有斐阁2011年版，第44页。

【名古屋南部大气污染公害诉讼案情概要】

名古屋市南部地区是多数工厂的集中地带，自20世纪60年代起，由于氧化硫而造成的污染变得越来越严重，短短几年间曾发出了7次大气污染警报。同时在此居住的居民罹患了哮喘等多种呼吸系统疾病，造成严重的社会问题。原告（共263人）为现在或以前曾在此地区居住、工作，并被认定为公害健康受害赔偿法，以及名古屋市条例指定的支气管哮喘，肺气肿等疾病的本人或者其继承人。被告为在本案发地区拥有工厂的10家公司，以及管理本案地区内国道公路的国家。原告以受到本案地区内的工厂煤烟排放，及公路上的汽车尾气排放而引起健康受损为由，向国家和该地区10家企业提出了停止大气污染物排放之诉，以及共同侵权行为损害赔偿之诉。

本诉讼第一审判决关于损害赔偿请求，要求被告需对96名患者支付2亿8962万日元，对3名患者支付总额1809万元。关于停止气体排放请求，判令国家采取措施禁止在国道23号线排放超过一定浓度的浮游粒子状物质。①

在本判决中，关于共同侵权行为的认定采取了客观共同说的立场，认为只要加害者具有"社会一般观念上的一体性，即可承认共同性的存在"。由于被告中的10家企业在生产过程中存在技术上的联系，原材料、成品方面的交易关系，以及在资本、人事组织方面的关联，因此不能否认这10家企业在多方面有较强的结合关系，由此认为10家企业之间存在关联共同性，通过适用《日本民法典》第719条前款

---

① 参见［日］加藤雅信：《名古屋南部大气污染公害诉讼第1审判决——作为停止侵害基础的个别利益与全体利益》，载《环境法判例百选》（第2版），有斐阁2011年版，第40页。

的规定，认定共同侵权行为的成立，令被告承担连带赔偿责任，并不允许以上被告进行个别的责任减免。

二、联合企业公害与共同侵权

【四日市哮喘损害赔偿请求事件案情概要】

位于日本东部海湾沿岸的四日市，在1958年前后相继兴建了多家石油化工企业，终日向外排放含有硫氧化物的有害废气和粉尘，在1961年左右逐渐出现较为严重的大气污染恶化，导致当地哮喘病、肺气肿、慢性支气管炎等呼吸系统疾病蔓延。1967年，居住于四日市东南部矶津地区的9名患者认为组成四日市第一联合工厂的企业排放的污染物使他们罹患了闭塞性肺疾病，共12名原告（其中5名原告为已死亡原告患者的继承人）以四日市第一联合企业排放的污染物质造成人体健康损害为理由提起诉讼，向被告共6家企业请求损害赔偿。据调查，被告企业的各个工厂所在地位于原告患者们居住的矶津地区，被告企业生产的产品分别为：Y1—石油精炼，Y2—火力发电，Y3—化学肥料以及氧化钛，Y4—聚乙烯，Y5—2-乙基己醇、炭黑等，Y6—聚氯乙烯。1972年矶津地方法院判决确认了6家企业的共同侵权责任，向每位原告患者分别支付了最低371万日元到最高1475万日元不等的赔偿金。[①]

作为以健康损害为中心提起的损害赔偿诉讼，四日市公害判决理由以共同侵权行为论为基础，对其中的构成要件展开了以下分析。

---

① 参见［日］津地四日市支判昭和47年7月24日《判例时报》第672号，第30页以下。［日］小贺野晶一：《四日市哮喘损害赔偿请求事件》，载《环境法判例百选》（第2版），有斐阁2011年版，第10页。

（一）关于过失的认定

在四日市哮喘病诉讼判决中，法院考虑了企业所经营事业的公共性、企业应遵守的排放标准等因素后，运用了忍受限度论的观点，对加害者的侵害行为与受害者被侵害的利益等进行综合考量，认为只要已经给人的生命、身体健康带来了损害，就是企业在选址、作业方面超过了社会一般观念上应忍受的限度，因而存在违法性。同时，企业应尽到相应的注意义务，比如在建设工厂之际事前研究煤烟的排放量、当地的气象条件等因素，以避免造成居民的健康损害。而且在工厂开始作业后仍有注意这些事项的义务，然而本案中的企业却懈怠了这些义务，所以不能不说企业在选址、作业两个方面存在过失，从而认定了企业方面侵权行为的成立。

（二）关于因果关系的认定

在该案的判决理由中引入了疫学上的因果关系论。法院根据流行病学的观点从疾病同时满足病因在发病前的作用、病因的作用程度与发病率的关系、病因的分布消长规律和病因与作用的机制等要件确认了因果关系。具体标准有以下四点：一是该因子在发病前的一定时期就有作用；二是该因子的作用程度显著时，疾病的发病率就会增高，若减少或去除该因子时，疾病的患病率就会降低；三是从该因子的分布消长来看，能够运用疫学方法所观察到的流行的特性进行不具矛盾的说明；四是该因子作为疾病的病因、机制能得到所有生物学上的合理说明。[1] 由此证明存在疫学上的因果关系，可以认定存在法律上的

---

[1] 参见汪劲：《环境法学》（第2版），北京大学出版社2013年版，第289页。

因果关系，从而通过侵权行为的成立追究企业的赔偿责任。

（三）关于关联共同性的认定

在四日市公害案件中，构成联合企业的多家企业是否能成立共同侵权行为是争论的关键问题。关于四日市哮喘损害赔偿请求诉讼判决理由对共同侵权行为认定标准的采用，法院在判决中认为，"各侵害行为之间只要存在客观的关联共同性即可成立共同侵权行为"，同时将关联共同性要件进一步区分为弱关联共同性和强关联共同性。具体而言，在各行为之间具有"弱关联共同性"[①]的场合，如果受害人能够对加害人之间的共同行为以及损害后果的发生进行举证的话，就可以推定各个加害者的共同行为与损害后果之间存在个别的因果关系，只有当加害人一方对不存在因果关系进行成功举证的情况下才可能免除责任，否则就应当对全部损害结果承担连带赔偿责任。与此相对，在各行为之间具有"强关联共同性"[②]的场合，只要证明加害者的共同行为与损害后果之间存在因果关系，就可直接认定各行为人与损害之间存在个别的因果关系，应当对全部损害承担连带赔偿责任，并不容许加害者进行反证，也就是不承认其通过证明不存在个别的因果关系而主张减免责任。在这种情况下，即使加害人对不存在个别的因果关系进行举证，也同样可根据《日本民法典》第719条令其承担相应的连带赔偿责任。

在本案中，法院通过对作为被告的6家联合企业在资本构成、技

[①] 在此解释为对结果的发生根据社会一般观念被看作是一个行为程度的一体性。参见［日］潮见佳男：《不法行为Ⅱ》，信山社2011年版，第149页。

[②] 在此解释为根据行为人之间的技术、场所、关系等具体情况被认识为具有更紧密的一体性。参见［日］潮见佳男：《不法行为Ⅱ》，信山社2011年版，第149页。

术手段、经济关系等方面的调查，认定了其中3家企业之间具有"强关联共同性"，即使其中有企业的污染物质排出量较少，也需承担连带赔偿责任，并驳回了其反证的请求。而对另外距当地较远建厂且排放量较少的3家企业认定为具有"弱关联共同性"，但由于这3家企业对不存在个别的因果关系没能够进行成功举证，因此也被判决对全体损害承担连带赔偿责任。[①]

四日市公害诉讼判决开创了追究企业责任的先河，其最大的亮点在于认同了学说中关于对共同侵权行为的类型化主张，按照"关联共同性"的紧密程度区分为具有"强关联共同性"的共同侵权行为与具有"弱关联共同性"的共同侵权行为。既延续了以往最高裁判所处理此类案件时采取的客观关联共同说的立场，同时又作出创新性的理论解释，克服了通说中固有的缺陷，即以往关于客观关联共同性概念的理解仅限于不需要具备意思共同的形式层面，在此次判决中明确提出了行为人之间如果被认定为具有弱关联共同性，也可推定存在个别的因果关系，可谓对个别因果关系与关联共同性之间的关系作出了划时代的判断，并作为指导性案例被广泛应用到各类复合污染型公害诉讼中。

三、都市型复合污染与共同侵权

【西淀川事件第1次诉讼案情概要】

大阪市西淀川区地处日本阪神工业带，与附近城市成为重化学工业的中心。自20世纪60年代开始，由当地工厂排出的废气与道路上的汽车尾气的污染混合在一起引发了当地居民的哮喘等疾病，严

---

① 参见［日］津地方裁判所四日市支部1972年7月24日判决，载《判例时报》第672号，第30页。

重损害了人体健康。1978年，居住于大阪市西淀川区，被认定为罹患了公害健康受害补偿法中所指定疾病的众多患者以及他们的遗属为原告（口头辩护结束时人数为117名，其中包括患者87名），对在同西淀川区以及邻接地区拥有分部的10家企业的生产作业，同时，由于提供在同西淀川区内行使的国道2号线，43号线以及阪神高速大阪池田线，大阪西宫线的使用，因而排放出来大气污染物，使其受到健康损害，对前述10家企业和作为道路设置管理者的国家，以及阪神高速公路公共团体提出了总额为38亿日元程度的损害赔偿，另外提起了停止排放超过环境标准值的大气污染物的诉讼。[1]至1996年，经过4次诉讼，日本高等法院判决原告方胜诉。[2]本案关于原告的损害赔偿请求，法院判令被告企业支付总额约为3亿5700万日元的赔偿。关于停止排放的请求，由于对被告应履行的义务内容无法确定，因此法院驳回了起诉。

经过四大公害诉讼时期的联合企业型污染，随后日本进入了污染

---

[1] 参见［日］大塚直：《西淀川事件第1次诉讼》，载《环境法判例百选》（第2版），有斐阁2011年版，第34页。

[2]【西淀川事件第2—4次诉讼】大阪市西淀川的居民由于患上支气管哮喘等呼吸道疾病，得到公害健康被害补偿法（公健法）所认定的患者以及其继承人等（原告），对同区内设置并管理国道的国家（被告），设置并管理阪神高速公路的阪神高速公路公团（被告），以及同区内或者邻接区内拥有工厂的10家企业，以其管理的道路排放出来的汽车尾气和工厂排烟中含有的大气污染物对居民健康带来损害为理由，提出了关于健康受害的赔偿去请求以及停止排放大气污染物的请求。在审理过程中，有1家企业撤诉，其他9家企业和居民达成了和解。因此，本判决只以国家和道路管理者为对象。另外，关于西淀川地区的大气污染公害，在本案之前的第1次诉讼中，宣判结果只认可了企业等被告方的损害赔偿责任。参见［日］新美育文：《西淀川事件第2—4次诉讼——道路公害与因果关系》，载《环境法判例百选》（第2版），有斐阁2011年版，第38页。

源更为复杂的都市型复合污染时期，西淀川公害事件则是其中最具代表性的案例。西淀川大气污染诉讼自1978年提起到最终解决，历经长达20年时间，其中原告总数多达700余人，被告涉及数十家大型企业、国家、公共团体，可谓是日本国内最大规模的环境污染诉讼。其中判断被告间是否成立共同侵权行为同样是本案的一大焦点。

在西淀川第1次诉讼判决中对共同侵权行为的判断标准如下：关于对民法第719条第1款前段共同侵权行为的认定，其要件之一的关联共同性属于客观的关联共同即可。作为效果，各共同行为人应对全部损害负连带赔偿责任，而且不能根据个别事由减责或免责。因此如果被科以如此严格的连带责任，需具备"强关联共同性"，具体判断标准包括工厂的选址布局、生产状况、运营开始时期、有无技术上、资本上以及人员组织上的关系、污染物质排出的种类等客观因素，同时结合预见可能性方面的主观因素进行综合判断。关于《日本民法典》第719条第1款后段之共同侵权行为的认定，要求具备"弱关联共同性"即可，由此可以推定各加害行为与损害后果之间存在个别的因果关系，并允许共同行为人通过举证主张减责或免责。[①]

西淀川第1次诉讼判决与以往的四日市公害判决有共通之处，即以传统的客观关联共同说为前提，将其中的关联共同性要件区分为强关联共同性与弱关联共同性两种类型。但是本判决与四日市判决相比，对共同侵权行为的认定有以下新发展：首先，西淀川判决关于关联共同性的解释虽然采用了客观关联共同说的原则立场，但是在强关联共同性的判断标准中包含了主观因素，扩大了认定范围，确切地说

---

① 参见［日］大阪地方裁判所1991年3月29日判决，载《判例时报》第1383号，第22页。

是采用了主客观并用说的立场。其次，关于和《日本民法典》第719条规定的对应关系，四日市判决将第719条第1款前段区分为强关联共同的类型与弱关联共同的类型。但是西淀川判决承袭了淡路刚久教授的主张，认为具有"强关联共同性"的共同侵权行为对应民法第719条第1款前段的规定，具有"弱关联共同性"的共同侵权行为对应同款后段的规定。再次，西淀川判决在同时期学说的影响下，对第719条第1款后段的使用范围进行了扩张，将"参与度不明"的情况也归于"加害者不明"的共同侵权行为类型中，并类推适用于第719条第1款后段的规定。最后，在四日市公害判决中，关于具备"强关联共同性"与"弱关联共同性"要件在责任承担方面的不同仅仅体现在是否允许被告进行免责的主张。而西淀川判决中除免责主张之外还包括是否允许被告进行减责方面的主张。

综上所述，西淀川第1次判决着眼于"原告居住地的排烟行为的一体性"与被告企业公害对策的一体性，基本认定了这些企业构成共同侵权行为的实施。通过对《日本民法典》第719条第1款的类推适用扩大了共同侵权的适用范围，对关联共同性的认定也采取了更为缓和的判断标准。在此基础上，此后的西淀川第2—4次诉讼判决中，以从工厂处排放污染的行为与从道路上排放污染的行为之间是否存在关联共同性为判断依据，首次认定了非联合企业的共同侵权责任。

四、复合暴露型公害与共同侵权

【建设石棉集团诉讼案情概要】

在东京首都圈建设工地现场劳动的建筑工人因在长期的工作劳动

中使用石棉材料，①而吸入了石棉粉尘，导致健康严重受损，已有多人罹患肺癌去世。这些建筑工人和遗属共337人集体状告国家和46家建材企业，请求损害赔偿。东京地方法院于2012年12月5日作出判决，承认国家责任，令政府支付国家赔偿款共计10亿6000万日元，同时否定了众建材企业的共同侵权责任。②

在首都圈建设石棉损害赔偿请求事件判决中关于原告所主张的建材企业的赔偿责任是基于共同侵权行为法理所构成的，因此本案焦点之一即在于多家建材企业是否成立共同侵权行为。对此，东京地方法院在判决中认为，众建材企业没有对劳动者尽到关于石棉粉尘的危害性以及建材中石棉的含量等信息方面的警告义务，并无视法律关于石棉适用的禁止性规定，令工人进行长期持续的作业，存在违反注意义务的过失。但是，被告方所负的警告义务属于各自应负的注意义务，并不能将所有建材企业作为一个整体认为其怠于行使警告义务。同时，由于多数受害者都曾在多个建筑现场工作，即使在同一劳动场所也存在多种作业同时进行的情况，而且在此期间所使用的石棉建材种类繁多，对有无造成石棉粉尘暴露的可能性根本无法确定，难以认定被告企业对原告具有一体性的加害行为，因此以不具备《日本民法典》第

---

① 石棉作为天然纤维矿物的一种，具有高度的耐火性、绝缘性、绝热性、防音性等特点，曾被称为"神奇的矿物"，加之成本低廉，被广泛应用于建筑、汽车、机械制造等各种领域。但同时已查明石棉也是一种危险性极大的物质，长期接触会引发石棉肺、恶性胸膜间皮瘤等疾病，且潜伏时间很长，因此又被称为"安静的定时炸弹"。关于石棉的危害早在100多年之前已被提及，但是当人们深刻认识到由石棉引发的大规模健康受害问题却是20世纪中期以后的事情。现今许多国家已经选择了全面禁止使用这种危险物质。
② 参见［日］淡路刚久、寺西俊一、吉村良一等编：《公害环境诉讼的新展开》，日本评论社2012年版，第294页。

719条第1款前段中的关联共同性要件为理由否定了共同侵权行为的成立。另外，作为第719条第1款后段的适用前提，原则上要求有实施加害行为可能性的加害人作为共同行为人必须是特定的，这种特定性主要体现在每个加害人都有可能造成了损害。但是法院认为本案中的加害人在范围上无法特定，因此也不能成立第719条第1款后段加害者不明的共同侵权行为，否定了被告企业的连带赔偿责任。[①]

由此可见，本次诉讼依然对共同侵权行为理论进行了活用，将关联共同性做类型化区分，承认"弱关联共同性"对个别的因果关系的推定作用，以及"强关联共同性"对个别因果关系的拟制作用，并将"是否具有能评价为一个加害行为程度的一体性"作为强弱关联共同性的判断标准。

虽然本案判决中否定了企业之间共同侵权行为的成立，但是在另一方面，法院通过对建筑工地现场石棉粉尘飞散的事实查明，认为国家没有及时采取适当的措施对企业使用石棉材料的行为进行监督与控制，以致受害范围扩大，因此认定国家方面负有责任，令政府向受害人支付国家赔偿款共计10.6亿日元。

第四节　公害诉讼对环境政策的影响及其对我国的启示

一、日本环境公害诉讼作为"制度改革诉讼"的意义

所谓制度改革诉讼，与其他谋求救济受害人的诉讼一样，从"受

[①] 参见［日］淡路刚久、寺西俊一、吉村良一等编：《公害环境诉讼的新展开》，日本评论社2012年版，第297页。［日］池田直树：《关于石棉受害救济的法律课题》，载《劳动法律旬报》第1617号，第29页。

到损害"开始,保护被侵害的权利,填补受害人的损失,并将这种权利保护普遍化,令其他受害人也能得到救济。[1]以权利保护和权利的普遍化为目的进行制度上的改革即是此类诉讼的意义所在。

在日本环境公害诉讼的发展历程中,从最初对受害人的救济,到公民基本权利的保护,再到以权利保障为目的的制度改革,可以说公害诉讼推动了环境实体法的完善与司法、行政的革新。几乎在每个时期的诉讼判决之后,都伴随着相应的救济补偿制度的建立与完善。

以20世纪60年代的四大公害诉讼为例,其显著成果之一即通过判决明确了企业的责任,形成了"只要企业造成了公害就有责任"的原则,构成了以民事责任为基础的损害赔偿制度。例如1967年针对水俣病,通过了《环境污染控制基本法》,规定政府必须建立相应机制帮助受害居民。此后,以一系列大气污染公害的胜诉为契机,于1973年制定《公害健康受害补偿法》,对环境污染致人健康损害的费用负担作出规定。以及在"公害国会"期间相继出台的《公害对策基本法》《大气污染防止法》《水质污染防止法》《排烟规制法》《噪音规制法》《恶臭防止法》等,共同构成了日本治理环境污染初期的公害法律体系。此时期另一个重大成果为,将传统侵权损害赔偿法理论(作为侵权行为要件的过失论、因果关系论、共同侵权行为论、损害论等)确立为公害诉讼中正当的司法上的权利,并形成独特的判例法理,为今后此类案件的审理提供了依据。

然而20世纪70—80年代期间,由于此前的环境污染治理已初见成效,再加之当时石油危机的爆发,使日本经济增长一度放缓,于是

---

[1] 参见[日]淡路刚久、寺西俊一、吉村良一等编:《公害环境诉讼的新展开》,日本评论社2012年版,第24页。

政府实行抑制出口，扩大公共基础设施建设规模的政策，关于"重视经济发展"的观点再度兴起，使日本此段时期的环境立法、行政措施出现了一时的停滞，其突出表现为1978年关于二氧化氮的环境标准较之前大幅度缓和，在1988年生效的《公害健康受害补偿等相关法》中全面解除了大气污染公害第一种区域的指定。在此时期的环境公害诉讼中，除了传统的损害赔偿请求之外，各种新型权利相继涌现，并得到司法上的认同。以人格权论、环境权论为依据，要求停止侵害的诉讼数量不断增加。此时期的政府作为被告也被频繁推上法庭，广大受害人要求对政府的"不作为"和"反应迟缓"追究责任。从这些诉讼提出的意义上讲，表现出广大市民对环境政策趋于缓和不满和异议。

进入90年代之后，日本环境政策迎来了新的发展时期，在判例中也有所反映。像此阶段最具代表性的道路公害诉讼、石棉受害诉讼，属于由过去积蓄而来的有害物质经过很长时期才显现出损害后果的积蓄型公害。而此时期的环境诉讼对政策方面的影响主要体现在针对积蓄型公害环境问题的扩大而进行了大量的专门立法。例如1988年《臭氧层保护法》、2000年《循环型社会形成推进基本法》、2004年《景观法》、2006年《石棉健康受害救济法》、2009年《自然公园法》等。

当然，以上制度改革诉讼所指向的权利普遍化，并非全部依托于法院在诉讼过程中得出的判决结果来实现。虽然通过最初的诉讼程序可查明"受害"的原因，但社会中还存在相当数量的潜在受害人，有赖于律师和媒体继续进行挖掘，并动员社会各界力量，才能将救济问题提升到社会普遍认知的层面，实现受害人群体权利救济的普遍化。像日本环境公害诉讼这样，先在司法层面树立以救济受害人为目的的法理论，再通过制定新的受害人救济方面的立法，以及制定防止损害再发的措施，最终达成制度改革诉讼的目标。

二、对我国的启示

综上，无论从日本环境诉讼判例法理的独创性还是环境政策的独创性来看，其环境公害问题的有效解决主要在于三个关键性因素：一是在理论研究中运用解释论方法对法律问题推导出妥善的结论，通过学术研究与司法实务之间的互动为现实问题提供解决方案；二是利用司法实践中的公害诉讼判例法理的完善推动环境政策的改革与创新，通过制度先行解决现实问题；三是各地方自治体积极行使立法权限，制定了适合于本地区的公害对策条例与公害防止协定，甚至有些地区会远远超出国家规定的环境基准，分情况、分地域解决生态环境损害问题。

目光转向我国，诚然，现阶段我国正处于环境污染和生态破坏侵权行为复杂交错的高发期，然而由于环境污染对策立法和解决措施的相对滞后，可以预见今后有关生态环境损害类诉讼案件的数量和种类将呈不断增加的趋势。虽然造成环境污染和生态破坏的责任大多数在于企业，但是社会关系的复杂化通常制约着企业赔偿责任的履行以及受害人损害填补的实现，更何况其中还会牵涉到国家、地方政府的政策导向因素。甚至关于企业与企业之间的责任分担，如果只是对传统的法律进行解释和运用已显然不能解决此类问题，这就需要结合当地的实际情况探索新的解决路径，并及时运用到司法实践中。因此，结合日本迄今为止关于生态环境侵权责任的法律适用以及所取得的成效，对我国的启示体现在以下方面。

首先，在理论研究层面，应重视法解释论在现行法律框架内所起的作用。从本章所涉及的公害环境诉讼判决可以看出，为救济诉讼中的受害群体，如何多层次理解多数人侵权责任构成要件与责任承担标准，构筑判决中的法理无疑是解决生态环境侵权纠纷的关键。在日本多方学者、司法实务工作者的努力下形成的以救济受害人为主，同时平衡各方利益的多数人侵权解释论，为生态环境侵权诉讼提供了处理路径。通过解释论方法，针对不断出现的新问题，运用现行法律推导出妥当的结论，事例分析与法理分析双管齐下，既能保持成文法的安定性，又能在解决法律问题过程中进行理论创新，推动学术研究成果对司法实务产生积极影响。

其次，在立法层面，应建立以预防为目的，与区域性环境标准相适应的地方法律制度体系，并适时作出修订。环境问题对居民生活的影响日益深刻，若得不到妥善处理，容易使社会矛盾加剧。与此同时民众的环境意识开始觉醒，维权意识增强，必然在维护合法权益方面有强烈的诉求。高度经济成长之后的社会剧变会导致生态环境侵权受害范围的扩大与事故类型的增多，新问题的出现可以通过及时完善修订现有法律规范来解决。从日本处理生态环境侵权问题的经验来看，20世纪在全国范围内掀起的公害立法的高潮即是有效对策之一。当时除了中央政府的公害立法之外，各地方政府也制定了相应的地方性法规，以对应当时日益激化的环境问题，而且比同时期的国家法规在理念上和措施上都要先进，相关标准也较高。例如1969年《东京都公害防止条例》就是日本早期公害史上的一部地方性法规条例。鉴于我国《民法典》《环境保护法》等现行法律规范对生态环境侵权采取的是框架性的规定方式，对某一问题的专门性规定可以通过司法解释的形式颁布实施，使法律在操作层面上做到有据可依。例如关于生态环境侵权惩罚性赔偿问题和生态环境保护禁止令问题在《民法典》中应如何适用均不是很明确，通过《生态环境侵权惩罚性赔偿解释》

《生态环境侵权禁止令规定》两部专门的司法解释，实现了对问题解决的制度化与规范化。另外，也要重视司法实践对完善环境政策的推动作用，用最严密的法制保护生态环境，实现从充分救济受害者到全面保障公民基本权利的目标。

最后，应重视发挥公众参与的作用。对社会造成深远影响的生态环境侵权问题不仅直接涉及公众生命健康、财产安全等切身利益，而且还与一城市，甚至一地区的生态环境保护、社会和谐稳定息息相关。通过日本环境诉讼中公众参与发挥作用的经验可知，集合社会各界力量，通过律师、公民自治团体、非政府组织等在不同领域组织开展调查、宣传、谈判、救助工作，使广大受害者能够通过除民事诉讼、行政诉讼之外的途径得到及时救济，避免了影响社会稳定的群体性事件的发生。由此可见，在处理生态环境侵权纠纷的过程中，政府、民众、团体的努力是不可或缺的力量。虽然我国现阶段的非政府组织由于在管理体制、与政府沟通等方面仍发展迟缓，很难承担起如在域外环境事件中所发挥的职能作用，但不能否认，面对环境致害的群体性事件，单纯依靠政府补偿、企业赔偿已无法满足实际需要，因此需要多方筹资，综合运用税费征收、责任保险、社会保障制度扩大资金的来源渠道。同时建议政府在救助健康受损的受害人时，可以考虑用购买服务的方式促进其他公益团体、非政府组织的介入，以起到补充救济的作用。

从以往的经验来看，环境诉讼是一个漫长的过程，生态环境损害造成的后果并不会因诉讼的结束而获得彻底的缓解，例如生态环境的恢复、防止污染的复发、受害者的救济等都是需要持续性关注的问题。从日本环境诉讼的发展历程看，政府一开始消极阻挠，到后来积极配合，其态度的转变对环境问题的解决起到了一定作用。

民间公益团体、律师、专家学者与受害群体之间的交流互动也促进了环境诉讼程序上的完善。因此，立法、司法机关以及政府、民众、团体等都是解决生态环境侵权问题不可或缺的力量。面对全球复杂多变的生态环境保护形势，单纯依靠政府、企业的赔偿已无法满足维护公共利益和救济受害者的实际需要，引入公益团体、非政府组织，通过环境公益诉讼发挥作用，扩大救助资金的来源渠道等均为有效举措。同时，注重将经济优先转变为以人为本的观念引导，在完善环境保护法基本法的同时，制定针对性强、可操作性强的法律，明确政府、企业、公众的权利义务，建立党委领导、政府主导、企业、民众参与的综合环保法制体系。

第五章　多数人侵权理论的比较法探讨

下文以中国和日本两国不同法制体系之下的多数人侵权行为制度为研究对象，按照"日本法特色—中国法特色—借鉴意义"的思路展开讨论，在参照日本法理论研究成果的基础上，对我国民法典侵权责任编及其司法解释中的多数人侵权制度进行理论上以及体系上的分析，主要集中于两方面：一是关于对共同侵权行为之核心要件——关联共同性意义的理解，分析作为共同侵权行为成立判断标准的主观关联共同类型与客观关联共同类型并存之可能性。二是关于竞合侵权行为在多数人侵权体系中的定位，并探讨其中的"加害部分不明"的侵权行为类型以及具备"弱关联共同性"的侵权行为类型是否有被我国多数人侵权制度体系吸收采用的必要。

第一节　共同侵权核心要件之关联共同性的意义

一、日本法的特色

若单着眼于文字表达形式，关于共同侵权行为的成立，无论中国法还是日本法，除了要满足一般侵权行为的构成要件之外，均认同"共同的行为"之要件的存在，即各行为之间具备关联共同性。所谓关联共同性通常有主客观之分，各侵权行为人具有主观的关联共同性是指数个行为人之间存在共同故意或共同过失；侵权行为人具有客观的关联共同性是指数个行为人实施的行为共同构成了侵权行为的原因，发生了同一损害后果。然而在中日两国理论研究中对"关联共同性"之内涵的分析却大相径庭。

日本法关于关联共同性意义的通说认为，共同侵权行为的成立，一方面要求各行为人的侵权行为要满足《日本民法典》第709条规定的一般侵权行为的构成要件，另一方面不以各行为人之间存在共谋等主观上的共同意思为必要，只要具备客观上的关联共同性即可。① 以往的判例也遵循客观关联共同说的立场。② 然而近期的学说逐渐呈现出多样化的发展趋势，对作为共同侵权行为要件之关联共同性的解释，并非仅限于具有主观上的关联共同性，还对客观上的关联共同性之内涵做出了更进一步的阐释，即存在按照社会一般观念可以被看作一个整体行为程度的客观因素，主张主客观要素的并用。除此之外，顺应司法实践中案例类型不断多样化的趋势，相继涌现出一系列新学说，并加以类型化区分，被称为新类型说，通过对主客观两方面要素的组合呈现出丰富的理论变化形式。③

与此同时，在司法实践中不断涌现出的交通事故、环境公害、医疗事故、景观诉讼等涉及多数人侵权的复杂案件数量类型急剧增多，也需要针对具体判例构筑与之相适应的解释论。然而以往只限定在对

---

① 参见［日］我妻荣：《无因管理·不当得利·不法行为》，日本评论社1988年版，第191页。
　［日］加藤一郎：《不法行为》（增补版），有斐阁1957年版，第208页。
② 参见［日］最判昭和43年4月23日民事判例集第22卷第4号，第964页（山王川事件）、大判大正2年4月26日民录第19辑，第281页（中外仓库不正仓库证券发行事件）等。
③ 关于主客观要素并用的类型说，参见前文中提及的平井说、淡路说、能见说、潮见说等。

主客观因素诠释上的对关联共同性意义的探究已无法满足现实的需要，在此背景之下，以环境公害判例为主，展开了针对《日本民法典》第719条共同侵权行为类型体系的重构。[①]其中最具代表性的观点是按"关联共同性"的紧密程度，将共同侵权行为划分为两种类型，即具有"强关联共同性"的共同侵权行为和具有"弱关联共同性"的共同侵权行为。前者对应第719条第1款前段的规定，后者对应同款后段的规定。在具有"强关联共同性"的共同侵权行为中，若能证明加害人的共同行为与损害后果之间存在因果关系，则拟制各行为人对损害具备个别的因果关系，各自对全部损害负连带责任，并且不允许责任减免。在具有"弱关联共同性"的共同侵权行为中，可推定各行为人对损害具备个别的因果关系，或者各行为人对损害的贡献度，各自对全部损害负连带责任，只有在证明个别因果关系不存在，或者证明各自贡献度的场合才能减轻责任。[②]

日本传统通说认为，关于共同侵权行为规定中的连带责任性质属于不真正连带责任。在学理上，连带责任通常被分为真正连带责任和不真正连带责任，区别在于责任的内部效力适用规则。在真正的连带责任的情形中，各连带责任人原则上要分摊损害，即每个责任人均须承担一定比例的责任。实际承担责任超过自己责任份额的责任人有向其他责任人的求偿权。在不真正连带责任的情形中，因存在特定的终局责任人，最终的法律效果归结于终局责任人，其他责任人无须承担责任。

[①] 参见［日］津地四日市支判昭和47年7月24日《判例时报》第672号，第30页（四日市公害事件）、大阪地判平成7年7月5日《判例时报》第1538号，第17页（西淀川公害事件）等。
[②] 参见［日］淡路刚久：《公害赔偿理论》（增补版），有斐阁1978年版，第126页。

二、中国法的特色

我国关于共同侵权行为之关联共同性要件的理解历来存在三类学说，即主观说、客观说以及折衷说。其中，主观说又进一步分为共同故意说、共同过错说以及共同认识说；客观说主要包括共同行为说和关联共同说。根据《民法通则》《人身损害赔偿解释》《侵权责任法》《民法典》侵权责任编、《生态环境侵权责任解释》等法律法规中关于多数人侵权规范的演变，结合对判例的整合，可以看出关于关联共同性内涵的解释范围先后经历了"缩小"—"扩大"—"再缩小"的变化趋势。

早在20世纪80年代改革开放初期，自从《民法通则》第130条明确规定共同侵权行为以来，无论司法实践还是学说主张均倾向于采用主观说的立场，只要多数加害人之间具备主观上的共同过错，即可认定共同侵权行为的成立。客观说的立场确实有助于令受害人得到迅速救济，但因客观说主张在共同侵权行为的成立方面采用极为宽泛的标准，容易忽视对损害参与度极小的加害人权益的维护。采用主观说的初衷就在于防止因采取客观说而对损害贡献度低的加害人施以过于严苛的连带责任的情形出现，贯彻自己责任原则，也是对侵权法矫正正义功能的体现（关联共同性解释范围的缩小）。

2003年《人身损害赔偿解释》对关联共同性内涵的阐释却发生了根本性变化，依据第3条规定，在承认主观说的基础上，一定程度也采用了客观说的立场，折衷说由此登场。法律规范的变化与当时的时代发展状况密切相关，由于同时期经济发展水平的提高，社会关系日渐复杂化，司法实践中涉及道路交通事故、环境污染、医疗事故等案件的赔偿责任人数量急剧增多，此时若仍采取严格的主观说立场已无法对受害人的权益进行有效保护，出于政策性目的的考虑，对于关联共同性要件的解释也随之发生变化，认为只要各加害行为之间存在客观上的关联共同性，或者损害结果具有一体性，即可认定共同侵权行为的成立（关联共同性解释范围的扩大）。

进入21世纪，在《侵权责任法》的立法过程中，以《人身损害赔偿解释》对共同侵权行为的成立标准规定过于抽象为理由，立法者重新考虑涉及多数人侵权的责任认定标准。《侵权责任法》第8—12条对多数人侵权进行了完整系统性的分类，即第8条、第9条所指的共同侵权行为，第10条所指的加害人不明的侵权行为，第11条、第12条代表的无意思联络的数人侵权行为。以上划分在明确了各种类型的多数人侵权构成要件的同时，对以往共同侵权行为的适用范围做了限缩性解释，关联共同性要件只限于有主观过错的情况（关联共同性解释的再缩小），将共同侵权行为限定为主观的共同侵权，而将客观的共同侵权排除在共同侵权范围之外，改变了《人身损害赔偿解释》对共同侵权行为成立要件所采取的基本立场，把只具备客观关联共同性的多数人侵权行为归入第11条、第12条"多数人分别实施侵权行为，产生了同一损害"的情形，根据各人的行为对损害发生的程度承担连带责任或按份责任。[1]

然而，主观共同的观点以原《环境侵权责任规定》的实施为契机又出现了动摇迹象，该司法解释将第2条环境共同侵权的核心构成要件"需共同构成侵权行为"中的"共同"解释为除共同故意与共同过

---

[1] 参见全国人大常委会法制工作委员会民法室编：《中华人民共和国侵权责任法条文说明、立法理由及相关规定》，北京大学出版社2010年版，第41页。张新宝：《中国民法典释评 侵权责任编》，中国人民大学出版社2020年，第24页。

失之外，还包含客观的关联共同性之意。由此表明我国立法部门对环境共同侵权责任的认定在原有的基础上进一步扩大了适用范围，将《民法典》第1168条中的关联共同性要件由主观说扩展至主客观并用的折中说立场，使连带责任正当合法化，更便于对受害人实施迅速有效的救济。

由此可见，我国无论在司法实务方面，还是在理论研究方面，虽然充分考虑到主客观因素对责任效果的影响，但均未采用类似于日本法关于关联共同性要件的"强""弱"类型之分，而是将多数人侵权的具体类型划分直接体现在法律条文的分类设计之中。

三、对我国的借鉴——主观关联共同类型与客观关联共同类型并存之可能性

日本涉及多数人侵权的司法判例，以公害诉讼最为典型，其通过采用缓和性的共同侵权行为成立标准以降低救济受害者群体的难度，对认定加害人共同侵权行为成立与否的判断标准多采用客观共同说的立场。然而，客观共同说所固有的范围之不明确性，令加害人承担全部损害是否过于严苛、无法兼顾各加害人的具体实际情况等批判也同时存在，所以在兼顾主观共同说的基础之上又发展出了主观与客观并用的多种类型说，以弥补上述客观共同说之缺陷。

我国关于共同侵权行为的认定向来以主观说中的共同过错说为通说，其理论根源来自作为私法基础性原则的自己责任原则，即受害人对且仅对由自己的行为所造成的损害后果承担相应的赔偿责任，无关乎他人的行为，而与自己责任原则相悖的客观说并未得到采用。

不同社会经济状况下，共同侵权法律制度的功能也有所不同。主观说之所以取得通说的地位有其深刻的社会背景，最初产生于我国市

场经济刚刚兴起，社会关系尚比较单纯的时代。但是随着我国经济的发展，社会关系日益复杂，损害的发生日益频繁、所涉赔偿数额巨大。环境污染、生态破坏、交通事故、医疗损害、产品责任等案件的数量逐年增加，法律规范的局限性日益明显，在此背景之下，《人身损害赔偿解释》突破《民法通则》第130条的固有规范结构，创造性地将共同侵权行为区分为三种类型，关于共同侵权行为的成立标准，采用了兼顾主客观因素的折衷说的立场，通过扩大加害人连带责任的适用范围，极大提高了对受害人的救济成效，有助于化解冲突。然而随后的《侵权责任法》以及《民法典》侵权责任编对于共同侵权行为成立要件之"关联共同性"的解释却又一次采用了严格的立场，将第8条言及的共同侵权行为只限定在加害人之间存在共同过错，甚至只具备意思联络的场合。诚然，将狭义的共同侵权行为限定在侵权行为人之间有主观关联共同性的场合，便于判断加害人的责任承担范围，但同时也会加大受害人求偿不能的风险。当加害人之间虽不具有故意或过失，却在行为、目的等方面存在密切的关联性，原本在这种场合下连带责任相比其他责任承担方式，对于受害人损害填补目的之达成会更有效率，但此时对受害人之救济却陷入了既不能适用《民法典》第1168条（通过认定成立主观的共同侵权行为使加害人承担连带责任），也不能适用第1171条（通过满足每个权利侵害行为都足以造成全部损害而使加害人承担连带责任）的困境。

例如，在某地域归属于同一行业领域的不同规模的若干化工企业造成当地环境污染，因每一企业的污染物排放都符合国家行业标准，且并不足以导致全部损害，也无法区分其在损害后果中各自所占的比例，在此情况下，虽可参考适用《民法典》第1231条规定，但基于环境损害成因的复杂性，以及现有科学技术的局限性，在司法实践中依据按份责任确定的责任份额在很大程度上并不能精确体现出各侵权行为对损害的作用范围，此时对加害人科以连带责任将比科以按份责任更有利于清偿风险的分担，使受害人获得迅速救济，实现社会最大化的公平。

再例如，某人服用了隶属于同一企业集团的多家制药公司生产的药品而遭受身体健康损害，当寻求救济时，却因加害人不复存在、无法举证证明因果关系等原因而陷入求偿不能的困境。虽然根据以往的判例，此类多数人侵权案件中的责任分担以按份责任为主要手段，亦有市场份额原则适用的先例，但是所谓的市场份额原则仅仅在发生大规模侵权的企业责任领域得到运用，无法推广到其他领域，其适用上的局限性不言而喻。笔者认为，令多家制药公司承担连带责任与承担按份责任相比更具有明显的优势。因为连带责任中每个侵权行为人都有向被侵权人承担全部赔偿责任的义务，也就相当于以所有侵权行为人的财产为基础，极大增强了责任承担方面的财产能力。在上述案例中令各制药公司承担连带责任显然比承担按份责任要节约时间成本，有利于受害人迅速获得赔偿。

然而，按照我国现行多数人侵权责任法律规范的设置，承担连带责任仅存在于《民法典》第1168—1171条。由于上述每家化工企业、每家制药公司的侵权行为均不足以导致受害人的全部损害，此时并不能适用《民法典》第1171条之规定；化工企业、制药公司之间不存在主观上的共同过错，亦不能适用《民法典》第1168条之规定。虽然环境共同侵权中的关联共同性要件解释呈现出主客观并用的扩大趋势，但毕竟仅限于环境侵权案件，其他领域的多数人侵权案件在遇到上述问题之时仍尚无明确的解决措施。

在过渡到了风险社会时代的现代社会中，基于分配正义的要求，当判断侵权主体时，会更多地倾向于以"有能力分担损失"为标准。此时法律规范的制定不应仅仅局限于贯彻自己责任原则，还有必要构筑起对应社会发展变化的新理论体系。关于对作为共同侵权行为核心要件的关联共同性意义的解释，中国法虽然未采取"强""弱"程度之分，但是《民法典》第1168条规定的共同加害行为可以对应日本法中具有"强关联共同性"的共同侵权行为类型。此时侵权行为人承担连带责任基础在于各行为人之间具备的"强关联共同性"，受害人若能证明共同行为与损害之间的因果关系，则拟制各侵权行为与损害之间存在个别的因果关系，不允许加害人主张责任减免。这种"强关联共同性"又可进一步区分为"主观的关联共同性"与"客观的关联共同性"，分别对应主观关联共同类型的共同侵权行为与客观关联共同类型的共同侵权行为。

综上，我国在多数人侵权中的共同侵权认定标准方面应采取更为缓和的立场，将《民法典》第1168条中的"共同性"的内涵解释为兼具主观关联共同与客观关联共同之意，由从来的主观说立场扩展至主观说与客观说并用的立场。在具备主观关联共同的共同侵权行为场合，各加害人对全部损害当然负连带责任。在具备客观关联共同的共同侵权行为场合，理论上应借鉴日本法对客观关联共同性内涵进行积极探索的研究方法，当在客观上看多数侵权行为人之间已形成了危险共同体或利益共同体的情况下，在对外关系方面将各加害人的行为看作不可分割的整体，由此认为其具备了不允许减责主张程度的关联共同性，以在各加害人之间形成的以损害填补为目的的相互保证关系为基础，使连带责任正当化，通过其外部效力的实现对受害者进行卓有成效的救济，通过其内部效力的实现达成损害赔偿责任的合理分担，从而有助于我国实现化解冲突，促进社会和谐稳定的立法初衷。

第二节 竞合侵权行为在多数人侵权类型体系中的定位

一、日本法的特色

关于日本多数人侵权的基本类型，以《日本民法典》第709条和第719条规定为依据，具体划分为共同侵权行为与竞合侵权行为。其中，共同侵权行为包括狭义的共同侵权行为、教唆·帮助的侵权行为以及加害者不明的侵权行为。

所谓竞合侵权行为，其特征在于实施的多个加害行为偶然结合，造成了同一损害后果。其法律效果以按份责任为原则，以连带责任为例外。虽然日本民法未将竞合侵权行为作为一般法律规范明确置于法条之中，但与此相关的案例却在司法实践中频繁出现，针对其判例法理的探讨形成了各种学说见解。

早期，竞合侵权行为在多数人侵权体系中的定位未得到明确之前，日本学界对竞合侵权行为与共同侵权行为之间的关系问题进行了诸多探讨，其中围绕是否应将竞合侵权行为归入共同侵权行为范畴之内，在学说争论中存在肯定说与否定说两种立场。

肯定说主张竞合侵权行为是共同侵权行为的一种特殊类型，由此可直接适用《日本民法典》第719条规定，产生与共同侵权行为相同的法律效果。[①] 例如在日本民法改正研究会于2008年公布的日本民法典财产法编侵权行为改正草案中，关于多数人侵权的具体规定即采用了肯定说的立场。同草案第666条（共同侵权行为人的责任）并未在

---

① 参见［日］浜上则雄：《现代不法行为研究》，信山社1993年版，第144页。

类型上区分狭义的共同侵权行为与竞合侵权行为，也未提及"关联共同性"的概念，而是将所有涉及多数加害人承担连带责任的情况全部归于共同侵权行为的范畴之内。①

与此相对，否定说认为竞合侵权行为只不过是个别侵权行为偶然发生竞合的结果，不应将其理解为共同侵权行为。并且，关于竞合侵权行为如何定位形成了多种见解。例如，根据平井宜雄的看法，《日本民法典》第719条第1款后段其实并不属于共同侵权行为，而是关于不清楚加害人究竟是谁的"择一的竞合"或"推定的竞合"侵权行为之规定。那么令全体行为人应承担连带责任的第719条第1款后段的规定同样可适用于竞合侵权行为，并允许侵权行为人主张责任减免。②大塚直亦认同竞合侵权行为的独立地位，认为竞合侵权行为实际上是各自独立的侵权行为发生了偶然竞合的结果，责任的分担应以按份责任为原则，具体责任的限度根据各自行为对损害的贡献度进行判定。在贡献度不明的场合则类推适用第719条第1款后段之规定，令侵权行为人对全部损害负连带责任。③另外，潮见佳男则主张共同侵权行为与竞合侵权行为应该完全分离，把共同侵权行为限定于具备"强关联共同性"的多数人侵权行为类型，令各侵权行为人承担连带责任，并不允许其进行责任减免的抗辩。而具备"弱关联共同性"的多数人侵权行为则属于竞合侵权行为的特殊形态，各加害人承担连带责任的同时，允许其以贡献度为理由主张责任减免，同时将举证责任

---

① 参见［日］大塚直：《停止侵害与损害赔偿——不法行为法改正草案》，载 Jurist 2008年第1362号，第75页。
② 参见［日］平井宜雄：《债权各论Ⅱ 不法行为》，弘文堂1993年版，第206页。
③ 参见［日］大塚直：《基于原因竞合的比例责任论之基础考察》，载中川良延编：《星野英一先生古稀视贺·日本民法学的形成与课题》（下），有斐阁1996年版，第885页。

从受害人一方转移到加害人一方。[1]

现如今,竞合侵权行为作为多数侵权行为的类型之一,其独立的法律地位已获得认同。竞合侵权行为原本是由毫无关联的行为人各自实施了独立的侵权行为,又偶然竞合产生了同一损害后果。因各加害行为与损害之间存在事实上的因果关系,所以基于这种因果关系能把损害分割开来,侵权行为人在各自因果关系所及的范围之内承担责任即可,也就是以各行为对损害后果的贡献度为依据确定责任份额,行为人承担相应的按份责任。按份责任的优势在于能限制侵权行为人承担超出自己行为贡献度范围的损害赔偿责任。然而,要证明各侵权行为对损害后果的贡献度是极其困难的,行为对损害的作用力究竟有多大,在多数情况下只能由法官的自由裁量决定,尤其是存在加害人受资力所限等额外因素时,极易导致受害人遭受不公平的结果。因此,日本法通常将作为竞合侵权行为特殊类型之一的贡献度不明的侵权行为(亦称为加害部分不明的侵权行为),类推适用第719条第1款后段的规定,在法律效果上体现为连带责任。

如上所述,日本法将加害部分不明(各加害行为对损害后果的贡献度不明)的情况作为一项独立的多数人侵权行为类型进行探讨,由此引出的问题主要集中于两点:第一个问题,在多数人侵权的规范体系上,加害部分不明的侵权行为类型与《日本民法典》第719条第1款规定之间究竟是何种关系?第二个问题,在现行规定之下,若受害人一方证明了无法确定加害人的贡献度,那么关于各加害行为贡献度的证明责任则转换到加害人一方,如何使该证明责任的转换正当化?

关于讨论问题一,历来存在两种对立的看法,即《日本民法典》

---

[1] 参见[日]潮见佳男:《不法行为Ⅱ》,信山社2011年版,第163页。

第719条第1款后段是关于加害人不明的侵权行为之规定，其立法宗旨在于减轻各加害行为与损害结果之间的因果关系的证明难度，通过推定因果关系的存在以便于受害人请求损害赔偿。至于加害部分不明的类型，虽然受害人同样处于因果关系证明困境之中，但令引起一部分损害的加害人对全部损害承担赔偿责任，无疑扩大了因果关系的推定范围，于加害人来说明显有违公平，因此不能适用于此项规定。[①]与之相反的观点则认为，第719条第1款后段的规定不仅包括加害人不明的情形，还包括加害部分（加害行为对损害的贡献度）不明的情形，这种对因果关系择一的推定规则，其规范目的与加害人不明的侵权行为具有一致性，即均关注到了受害人因果关系的证明困难，从救济受害人的政策性目的出发，在加害行为所导致的损害范围不明的场合，也应类推适用此项规定。[②]

关于讨论问题二，现今日本民法学研究的确偏重于对具体判例的评析，却未及时在理论研究方面将判例的解释正当化。因此，关于上述问题出现了以下不同的解释。首先，根据四宫和夫的见解，在加害部分不明的侵权行为类型中，之所以将举证责任转换至加害人一方，在于"此同一损害后果是由多数加害人所导致，只是加害人各自的贡献度尚未能明确"，[③]在此强调的是"损害的同一性"，基于受害人存

[①] 参见［日］能见善久：《共同侵权行为责任的基础性考察（八·完）》，载《法学协会杂志》1985年第102卷第12号，第2240页。［日］平井宜雄：《债权各论Ⅱ　不法行为》，弘文堂1992年版，第207页。

[②] 参见［日］大塚直：《基于原因竞合的比例责任论之基础考察》，载中川良延编：《星野英一先生古稀祝贺·日本民法学的形成与课题》（下），有斐阁1996年版，第881页。［日］平野裕之：《不法行为法》，信山社2007年版，第252页。

[③] 参见［日］四宫和夫：《现代法律学全集10　无因管理·不当得利·不法行为（下卷）》，青林书院1985年版，第796页。

在的举证困难，推定加害行为与损害后果之间的因果关系，由加害人通过证明因果关系不存在而主张减责或免责。其次，根据潮见佳男的见解，按照传统的"谁主张谁举证"原则，对作为竞合侵权行为责任要件的贡献度而言，具体包括因果关系、违法性、过失等要素，原本理应由受害人负举证责任。将对贡献度的证明责任转换到加害人一方，并使其正当化的必要条件在于多数侵权行为人实施的行为存在客观上的一体性，此处所谓的一体性相当于客观关联共同性中的弱关联共同性。[1]在行为人之间具备弱关联共同性的场合，虽然各行为人对全部损害承担连带责任，但允许其进行责任减免的抗辩。

二、中国法的特色

虽然中国法中的竞合侵权行为概念是通过借鉴日本法而来的，但无论在构成要件上还是在法律效果上，两者之间均具有明显的差异。总体来说，中国法中的竞合侵权行为相比日本法中的竞合侵权行为，在适用范围上存在一定的局限性。

竞合侵权行为作为一种独立的多数人侵权行为形态，与共同侵权行为、分别侵权行为有本质上的区别。数个侵权行为人之间具备关联共同性的是共同侵权行为，不具备关联共同性的是分别侵权行为，而竞合侵权行为是在共同侵权行为与分别侵权行为概念范畴之外的主从行为之竞合。

竞合侵权行为的主体限定于直接侵权人和间接侵权人，直接侵权人对于所造成的他人损害成立侵权责任，间接侵权人实施的行为对于直接侵权人实施的行为在客观上起到了间接作用，使直接侵权人便于

---

[1] 参见［日］潮见佳男：《不法行为Ⅱ》，信山社2011年版，第207页。

实施侵权行为，或者为直接侵权人实施侵权行为提供了便利，促成了直接侵权行为造成受害人损害。竞合侵权行为的特点是两个以上的行为发生竞合，而非责任的竞合。两个竞合的行为之间是一主一从的关系，主行为是直接侵权行为，从行为是间接侵权行为。竞合侵权行为的主从关系也表现在因果关系方面，竞合侵权行为具有直接因果关系和间接因果关系这两个独立的因果关系，直接侵权行为人实施的主行为与损害后果之间具备直接因果关系，主行为对损害的发生具有完全原因力；间接侵权行为人实施的从行为与损害后果之间具备间接因果关系，从行为对损害的发生所起的作用仅仅是提供条件、创造机会。① 因此竞合侵权行为实际上是直接侵权行为与间接侵权行为竞合的结果。例如《民法典》第1191条规定的用人者责任、第1198条规定的未尽到安全保障义务的侵权责任、第1204条规定的产品责任即为竞合侵权行为责任的典型。

三、对我国的借鉴——引入加害部分不明的侵权行为类型之可行性

在我国，多数人侵权行为的基本类型有共同侵权行为、共同危险行为、分别侵权行为、竞合侵权行为以及第三人侵权行为等。《民法典》侵权责任编关于多数人侵权的法律规范采用了上述部分分类，将第1168条、第1169条归为共同侵权行为类型，第1170条归为共同危险行为类型，第1171条、第1172条归为分别侵权行为类型。若与日本法相对比的话，可以看出《日本民法典》第719条第1款前段和第2款与我国《民法典》第1168条、第1169条相对应，《日本民法典》

---

① 参见杨立新：《多数人侵权行为与责任》，法律出版社2017年版，第184页。

第719条第1款后段与我国《民法典》第1170条相对应。此外，第1171条"二人以上分别实施侵权行为造成同一损害，每个人的侵权行为都足以造成全部损害的，行为人承担连带责任"的规定，属于"累积因果关系"类型的多数人侵权行为；第1172条"二人以上分别实施侵权行为造成同一损害，能够确定责任大小的，各自承担相应的责任；难以确定责任大小的，平均承担责任"的规定，属于"部分因果关系"类型的多数人侵权行为，但是，《日本民法典》中却不存在如我国《民法典》第1171条、第1172条这样的对应法条，[①]而是将其纳入到竞合侵权行为的概念范畴之中。

关于竞合侵权行为，虽然两国在文字的表达方式上一致，但具体含义却完全不同。相比而言，日本法中的竞合侵权行为的适用范围比较广泛，相当于我国学理上的分别侵权行为与竞合侵权行为的综合体。在日本法中，因多数人侵权规范在成文法上的缺失，伴随着社会关系的复杂化，共同侵权行为的成立范围不断扩张，在法律效果方面体现为责任的多样性，连带责任并非只是全部连带，还有部分连带的形式，如此能更多地考虑到加害人一方的实际情况，合理分散加害人之间求偿不能的风险。然而，共同侵权行为适用范围的扩张毕竟有限，在连带责任承担方式和标准趋向缓和的背景下，必然会导致多数人侵权行为体系结构的一部分缺失，竞合侵权行为恰恰能填补这一部分的缺失，由此构成完整的多数人侵权行为类型体系。

日本法中的竞合侵权行为包括一般的竞合侵权行为和特殊的竞合侵权行为两种类型。在属于一般竞合侵权行为的情形中，因侵权行为

[①] 参见高圣平主编：《中华人民共和国侵权责任法立法争点、立法例及经典案例》，北京大学出版社2010年版，第154页。

相互独立，各行为与损害之间的因果关系也相对明确，故可以直接适用《日本民法典》第709条关于一般侵权行为的规定。在属于特殊竞合侵权行为的情形中，因果关系处于不明的状态，包括加害人不明和加害部分不明两种类型，此时可类推适用第719条第1款后段的规定。由此可见，日本法把加害部分不明的情形也作为一项独立的多数人侵权行为类型。

关于加害部分不明的侵权行为类型的讨论，在中国的多数人侵权理论研究领域所涉不多。共同危险行为本是受域外法启示而设，其制度初衷是减轻各加害行为与损害后果之间因果关系不明时的证明难度。因果关系不明的形态大致有三种：第一是加害人不明，第二是加害部分不明，第三是加害人与加害部分均不明。德国法、日本法之所以认为共同危险行为也适用于加害部分不明的侵权行为情形，与两国民法典缺乏明确完整的多数人侵权规则有关。我国大多数学者认为共同危险行为制度只适用于加害人不明的情形，《民法典》第1170条已明确规定了"不能确定具体侵权人的，行为人承担连带责任"，这种共同危险行为连同共同侵权行为与分别侵权行为，构成了我国基本的多数人侵权行为体系。因此，对于加害人明确，加害部分却不明的侵权行为实际上既不属于共同侵权行为，也不属于共同危险行为，而应该适用《民法典》第1171条、第1172条分别侵权行为的规定。[①]

虽然依据《民法典》第1171条、第1172条规定，分别侵权行为中的加害行为与同一损害后果之间存在确定的因果关系，但从本质上讲，两项条款隐含的是因果关系的推定规则。其中第1171条推定的

---

① 参见程啸：《论共同危险行为的构成要件——以〈侵权责任法〉第10条为中心》，载《法律科学》2010年第2期，第131页。

是损害同时发生，即使先后实施的加害行为也推定为损害发生的事实上的真实原因。第1172条推定的是份额均等的按份责任，即当侵权行为人各自的过错和原因力大小无法查明时，推定各行为人承担均等的比例责任。[①]然而，从表面上看《民法典》第1172条通过平均分担责任的推定方式解决了加害部分不明的侵权责任分配问题，但在侵权行为人均是确定的加害人的前提下，责任分配的尺度很难有一个可以量化的标准，在某些情形下，受案情复杂程度、科技手段、取证方式以及所花费时间金钱成本等因素的影响，也很难分清每个侵权行为对损害后果的作用力究竟有多大，在加害份额不明的情况下，推定各行为人造成了均等份额的损害，这种责任的份额性不仅有违自己责任原则，而且也无法充分协调行为人求偿不能的风险。相对比之下，对侵权行为人科以连带责任，据《民法典》第178条规定，对外每个加害人对受害人都负有全部赔偿的义务，对内按照行为人的过错程度和行为的原因力进行责任分担，难以确定责任大小的，平均承担责任，并允许加害人一方主张减轻责任。提倡在此处适用连带责任并非单纯基于救济受害人的目的来无端扩大连带责任的范围，而是将受害人求偿不能的风险转嫁到加害人一方。尤其是在风险社会中的发生多数人侵权的场合，受害群体往往处于弱势地位，从分配正义的视角看，损害应由能够控制、消除的一方当事人承担，故与其让加害人承担按份责任令受害人承担求偿不能的风险，不如让加害人承担连带责任而令其承担追偿不能的风险，如此一来在利益衡量的考量方面，将更有利于协调双方当事人之间的利益。

关于此方面的理解，在日本的多数学说和判例中都有所体现。学

---

① 参见邹海林、朱广新主编：《民法典评注：侵权责任编》，中国法制出版社2020年版，第91页。

者普遍认同在加害部分不明的侵权行为事例中，对受害人遭遇的损害由加害人承担全部赔偿的连带责任，同时允许加害人以贡献度为理由主张减轻责任。尤其是经过一系列环境公害诉讼判例的积累，时至今日多表达为存在"弱关联共同性"的侵权行为类型。像在属于加害部分不明的侵权行为的情形之下，为了确保对受害人的充分救济，首先由加害人对外承担连带赔偿责任，同时将与损害结果有关的贡献度的证明风险转换至加害人一方负担，作为现代侵权行为的一种表现形式，值得我国予以适当的参考借鉴。

第六章 多数人侵权规范体系的再构建

第一节 多数人侵权类型论

一、《民法典》视野下的多数人侵权类型之整合

本书前半部分主要对《民法典》编纂前后的多数人侵权理论与实践进行归纳总结，在此基础之上，以日本法为比较考察对象，探明多数人侵权的类型划分以及理论研究现状，由此导出若干具体的探讨课题，以建立更为合理的多数人侵权类型结构体系为目标进行了立法上的建言。作为比较探讨的结论，我国多数人侵权的类型应以"关联共同性"要件为区分标准，当侵权行为人之间具备关联共同性时成立共同侵权行为，依据《民法典》第1168条规定，令其承担连带责任，且不允许进行责任的减免；当侵权行为人之间不具备关联共同性时成立分别侵权行为，依据《民法典》第1172条规定，令加害人根据各自过错的程度或原因力等标准承担份责任。第1170条和第1171条分别作为共同侵权行为和分别侵权行为的特殊情形而存在。竞合侵权行为作为多数人侵权的一种特殊形态而独立存在。具体应作如下类型划分：

（一）第一种类型：共同侵权行为

此种类型对应《民法典》第1168条的共同加害行为、第1169条的教唆帮助型侵权行为以及第1170条的共同危险行为。

共同加害行为可分为两种情形，一是存在共谋、共同认识或教唆帮助的共同侵权行为，即侵权行为人之间具有主观关联共同性的情形；二是虽不存在主观上的关联共同性，但各加害人的行为在客观上具有紧密的一体性，从危险共同体或利益共同体的角度可将加害行为评价为一个整体行为，即侵权行为人之间具有客观关联共同性的情形。以上两种情形的共同侵权行为，各侵权行为人对损害后果承担连带责任，且不得主张责任减免。

共同危险行为又被称为准共同侵权行为或加害人不明的侵权行为，即每个行为人都实施了侵权行为，但不能查明损害究竟是由具体哪一个行为人所导致。各侵权行为人对损害后果承担连带责任，但基于推定的因果关系而允许其主张责任减免。

（二）第二种类型：分别侵权行为

此种类型可分为两种情形：一种是具有累积因果关系的侵权行为，对应《民法典》第1171条，即各侵权行为人之间无主客观上的关联共同性，造成同一损害，每个行为人的侵权行为均足以造成全部损害，由各侵权行为人承担连带责任。另一种是具有部分因果关系的侵权行为，对应《民法典》第1172条，即各侵权行为人之间无主客观上的关联共同性，造成同一损害，行为人根据各自行为对损害所起的作用承担按份责任，无法确定责任范围的平均分担责任。

（三）第三种类型：竞合侵权行为

此类型本质上属于一般侵权行为，可进一步分为两种情形：第一种为一般的竞合侵权行为，对应《民法典》第1165条，即各侵权行为人之间不存在关联共同性，因行为偶然发生竞合，造成同一损害，行为人根据各自行为对损害所起的作用承担按份责任。第二种为特殊的竞合侵权行为，指的是加害部分不明的侵权行为类型，即每个行为人都实施了侵权行为，虽能确定各侵权行为人均对受害人施加了损害，但不能明确其损害范围的情形，可类推适用《民法典》第1170条关于加害人不明的侵权行为之规定，各侵权行为人均对损害后果承担不真正连带责任，并允许其主张责任减免。

二、对我国多数人侵权类型重构的反思

本书目的在于探明中日两国多数人侵权制度各自的特点以及相互借鉴的可能性。从日本最新立法动态来看，近年来学界提案的新规则、新学说层出不穷，既包含若干针对立法提案具有启示性的内容，又同时对应了新出现的案例类型，但是终究并未出现能取代以往通说的统一性意见。究其原因在于日本现行民法规范的限制性与案例类型多样化之间的矛盾，导致每一种纷争类型的解决方式都有所不同。日本民法关于多数人侵权行为仅限两则条文规定，其概念本身指向内容不明，因此无论是法官在判案之时，还是学者在进行理论构建之时，结合案件类型对于多数人侵权责任的认定均会做出多样性的解释，以摆脱成文法所固有的僵化缺陷，弥补法律规范上的不足，并在一定程度上推动了立法与行政方面的改革。日本这种将理论上的变化灵活运用于判决理由，不断增强判例的指导性作用，同时又在一定程度上巩

固了新的理论体系的研究模式，在新型多数人侵权案件类型不断涌现的今天值得我国借鉴。

将目光转向我国，随着社会生活的复杂化，关于多数人侵权的案件类型亦出现多样化的趋势，为了对应层出不穷的新型多数人侵权形态，《民法典》承袭了《侵权责任法》之规定，在条文设计上对多数人侵权做了详细划分，这无疑体现了我国立法技术的先进之处。然而，在对应具体案例群的学说发展方面，以及理论研究成果反作用于司法实务方面，还有很大的研究空间。如今我国正处在多数人侵权案例类型不断更新的发展阶段，虽然理论研究异常活跃，但是对不同类型的多数人侵权案例无法适用统一的理论依据。况且在司法实践中，案件的处理会兼顾一部分政策性因素和当下社会价值判断，某种学说对某类案例的解决措施未必适合于其他类型的案例，因此，应对案例类型多样化的最优举措是对多数人侵权进行类型化研究。笔者认为，构成多数人侵权行为的要件应该是富有弹性的，除了"分别具有主客观的关联共同性"，以及"发生的损害具有一体性"之外，通过综合考虑主观因素和客观因素，使两者相互补充来充实关联共同性要件的内涵，同时参考日本学说紧密联系判例法理的表达形式，灵活对应多样性的多数人侵权形态，亦是今后在完善法律规范和贯彻国家立法政策过程中的一种新思路。

第二节　基于其他法律制度的损害分担机制

现代侵权法理论为应对事例的多样化，与社会发展同步，除传统的过失责任之外，危险责任、补偿责任等亦被相继引入，呈现出以按份责任为原则，以连带责任为例外的发展趋势。例如美国第三次侵权法重述对连带责任采取了谨慎的态度,以法定连带责任的设置为特点限制连带责任的适用。针对存在多数加害人的侵权事件,实体法依据除《民法典》之外,还有《水污染防治法》《大气污染防治法》《道路交通安全法》《消费者权益保护法》等特别法。然而,在多数人侵权事件中,作为主要解决路径的民事诉讼却有着严格的程序要求,在通过法院判决解决其责任承担问题之前要花费大量的时间和金钱。在民事诉讼的实施过程中,通常需要原告对事实要件承担举证责任。但是由于涉及多数人侵权损害后果的原因相当复杂,加之在专业知识、技术上的限制,作为原告的受害人往往难以完成要承担的举证责任。而且即使广大受害群体得到胜诉的最终结果,如果加害人缺乏支付赔偿金的能力,责任追究很难取得实效,对于受害人的救济仍然难以完成。因此,民事诉讼是原告和被告个别解决双方纠纷的法律机制,并不能迅速、全面、有效地解决问题,此时,需要将视野转向传统侵权行为法体系之外的制度,使其与之相互补充,例如各种针对受害人救济的多渠道损害填补制度、国家赔偿制度、社会保障制度等,都可作为责任追究的新路径。

一、多渠道的损害填补制度之适用

以生态环境侵权问题为例,对于涉及范围广,内部关系极其复杂的多数人环境侵权纠纷,受害人若想保证自身获得完全赔偿,诉讼并不是唯一的途径,多渠道的损害填补制度为责任追究提供了新思路。例如已在域外国家广泛推行的公害健康受害补偿制度与公害纷争处理制度即能缓解受害群体维权难的困境。

公害健康受害补偿制度是日本四大公害事件发生之后,于20世纪70年代创立的一项救济制度,以《公害健康受害补偿法》的形式规定了各项具体内容。主要是对环境污染等原因造成的健康损害，通过行政机关的认定程序对受害人予以迅速救济，同时由行政机关向污染者广泛征收相关税费用以为受害人提供切实有效的救济措施。该制度的特征在于，一方面是基于民事责任进行损害填补的制度，属于传统侵权责任的延伸，逸失利益和精神损害赔偿都在其考虑范围之内；另一方面又与传统的损害赔偿制度有所不同，其处理花费时间短，且无须原告受害人对案件中的事实要件承担举证责任，也不会令加害人陷入无力支付赔偿金的困境，是一种比诉讼更为简便、更为实用的行政救济制度。

公害健康受害补偿制度主要以受到大气污染或水污染影响的受害人为救济对象，对满足指定地域、指定疾病、暴露要件、认定期间等一定条件的受害者直接由专门机构认定为特定的公害健康受害人，由地方政府官员根据公害健康受害人的请求决定具体补偿方式。[①]例如，关于地域的指定，将大气污染等造成支气管炎和哮喘病等非特异性疾病多发的地域称为第一种地域，将大气污染或水污染造成的特异性疾病多发地域称为第二种地域。在第一种地域中，行政机关把在区域内居住了一段时间和罹患指定疾病制度性的认为存在因果关系；第二种地域则实行因果关系的个别认定。向第一种地域的患者支付的补偿金由强制征收的污染负荷量税费，与机动车重量税收入的一部分进行支付；向第二种地域的患者支付的补偿金，是由排放原因污染物质的企业根据其排放原因污染物质的程度征收的特定税费支付。[②]

[①] 包括疗养费、障碍补偿费、遗属补偿费、儿童补偿津贴、安葬费等。参见渠涛：《从损害赔偿走向社会保障性的救济——加藤雅信教授对侵权行为法的构想》，载梁慧星主编：《民商法论丛》（第2卷），法律出版社1994年版，第310页。

[②] 参见［日］交告尚史、臼杵知史、前田阳一等：《环境法入门》，有斐阁2005年版，第195页。

公害纷争处理制度则是在中立的第三人的主持下，通过协商、斡旋、调解、仲裁等方式解决当事人双方的环境纠纷争议。与诉讼制度相比，其优势在于，允许法院法官可以直接依职权调查、获取证据，从而减轻了受害人的举证负担，事件处理更为迅速，费用方面也更为低廉。例如日本于1970年制定的《公害纠纷处理法》，规定环境污染纠纷的处理程序由当事人申请，过程包括斡旋、调解与仲裁步骤。作为纷争处理机关，国家设立环境污染调查委员会，各地方设立环境污染审查会，此外还可以配备专门的环境污染投诉协商人员处理有关环境问题的投诉。在具体程序上，首先，为了让纠纷当事人能够顺利开启谈判，由斡旋委员会在掌握事实的基础上居间充当媒介，提出方案促进当事人双方自行和解。若斡旋无效，则由调解委员会请当事人到场并听取意见，通过调查，制作调解建议方案，当事人双方都愿意接受的权利义务条款等成为和解协议，让当事人接受或承诺。若仍然无效，则由当事人双方委托公害等调整委员会委员组成仲裁委员会在询问、证据调查和检查等方法调查事实的基础上作出法律判断，依照民事诉讼法有关仲裁程序的规定处理。若当事人不履行可以申请管辖法院强制执行。[①]

二、国家赔偿制度之适用

在公害诉讼中，除了追究企业的损害赔偿责任之外，以国家或自治体为被告请求其损害赔偿的案例并不鲜见，即根据国家赔偿法提起国家赔偿诉讼。国家赔偿责任本源自于侵权责任，两者同属损害赔偿

---

① 参见汪劲：《环境法学》（第2版），北京大学出版社2013年版，第304页。

范畴，并存在共同的法哲学基础，①在生态环境侵权责任追究领域适用空间广泛，例如邻国日本即在公害诉讼中将国家赔偿作为责任追究的重要途径之一，可为我国提供参考经验。

在发生环境侵权纠纷的情形下追究国家或地方政府责任的缘起，可追溯到《日本国家赔偿法》②施行之初，由于当时注重经济产业发展，并未预见到粗放式的生产方式导致环境污染等损害后果，日本法院认为，行政机关的自由裁量并不涉及违法与否，这些自由裁量决定不会使国家承担赔偿责任，因此，在司法实践中几乎没有涉及有关环境污染和生态破坏的国家赔偿诉讼。然而进入20世纪六七十年代后，日本经济高速发展的副作用——环境污染开始显现，深受公害困扰的广大受害群体在得不到充分救济的情况下纷纷提起损害赔偿诉讼。以四大公害诉讼原告方的胜诉为契机，日本国民的环境意识开始觉醒，从原来对国家赔偿诉讼所持的消极态度转变成积极向国家、政府提起诉讼，以维护自身的合法权益。此时，生态环境侵权案件中国家赔偿责任的扩张使行政机关的自由裁量权成为一个有争议的问题，人们强烈要求国家对行政机关的不作为承担赔偿责任，即使法律授权行政机关可以对作为或不作为进行自由裁量，针对国家未采取任何措施的不作为行为，只要认定超出一般社会观念上的容许限度而明显欠缺合理性时，国家也要对其不作为造成的损害后果承担赔偿责任。

在大气污染、水俣病、尘肺病等公害判例中，均明确认定了国家赔偿责任。例如四日市哮喘诉讼在判决理由中提到："在产业活动中，

---

① 江必新：《国家赔偿与民事侵权赔偿关系之再认识——兼论国家赔偿中侵权责任法的适用》，载《法制与社会发展》2013年第1期。
② 《日本国家赔偿法》于1947年10月制定实施，共6项条文。

行为人的注意义务既表现在工厂作业方面，也体现在企业选址方面。该案仅就选址而言，过失是成立的，选址上的过失不仅存在于有关企业，也涉及国家和地方公共团体。所以，根据《日本国家赔偿法》的规定，国家、地方公共团体也对受害人负有赔偿责任。"[1] 从此民众普遍意识到公害发生的原因不仅在于个别企业，还涉及其代表的整个产业界，甚至是国家，那么通过诉讼手段追究国家的责任，从而督促政府有所作为，对维护自身权益、抑制公害、调整国家的环境政策都是具有积极作用的。

随着环境公害诉讼类型数量的日益增多，除传统的损害赔偿诉讼、停止侵害诉讼之外，国家赔偿诉讼的适用范围亦不断扩大，形成了一系列判例法理。在环境公害国家赔偿诉讼中，法院判断政府是否应承担国家赔偿责任，最关键的标准就在于不行使规制权限的违法性。具体来讲，不行使规制权限的违法性判断标准大多包括以下几项标准：危险的迫切性、危险的预见可能性、结果回避的可能性、国民对行政机关的期待可能性等。[2] 例如，在水俣病国家赔偿诉讼[3] 中，为了防止水俣病受害范围的扩大，国家通过制定法律法规给予政府一定的规制权限，但是政府却怠于行使。日本最高裁判所在1989年11月24日关于行政机关不行使对经营者的监督处分权限的判决理由中认为："参照行政机关被授予规制权限法令的目的和宗旨，在具体事实关系认定中，不行使该权限的行为超出了被允许的限度而被认为

---

[1] 参见［日］小贺野晶一：《四日市哮喘损害赔偿请求事件——联合企业公害与共同侵权行为》，载淡路刚久、大塚直、北村喜宣编：《环境法判例百选》，有斐阁2011年版，第11页。
[2] 参见［日］大塚直：《环境法》，有斐阁2010年版，第718页。
[3] 主要包括水俣病东京诉讼、水俣病京都诉讼、水俣病关西诉讼、熊本水俣病第2—3次诉讼、新潟水俣病第2次诉讼等。

'显著不合理'的情况下，对于因行政机关不行使规制权限而受到损害的相对人来说，该行政不作为违反了《日本国家赔偿法》第1条第1款的规定，构成违法。"[1]在水俣病关西诉讼中，最高裁判所的判决也沿袭了这样的判断标准，认为国家并没有行使"水质二法"[2]中的规制权限，在同一时期熊本县也未行使依据《熊本县渔业调整规则》中的规制权限，造成国民健康受害范围的扩大，因此构成《日本国家赔偿法》第1条第1款规定适用上的违法。[3]近几年，日本国内与石棉受害相关的诉讼事件逐年上升，在司法实践中伴随着石棉诉讼的兴起，明确国家与企业的法律责任成为亟待解决的问题。在具体案件的审理过程中，除了认定企业违反安全保障义务之外，以国家为被告，追究国家赔偿责任的案例也频繁出现，代表性案例有大阪泉南石棉诉讼、首都圈建设石棉诉讼[4]、尼崎久保田诉讼[5]等。

上述环境侵权事件的责任主体具有多样性的特征，不仅包括企业，还有国家、国际机构等，责任追究也变得异常复杂。国家赔偿因涉及公权力机关，通常属于公法领域的问题，但是在环境侵权诉讼中，如

---

[1] 参见[日]最高裁判所1989年11月24日民事判例集第43卷第10号，第1169页。[日]山田健吾:《基于宅地造成等规制法的规制权限不行使》，载《判例时报》第2170号，第76页。
[2] 分别为两部法律，即1958年制定的《公用水域水质保全法》与《工厂排水规制法》，合称"水质二法"。
[3] 参见[日]最高裁判所2004年10月15日民事判例集第58卷第7号，第1802页。
[4] 因含有石棉的建筑材料在使用过程中令大量石棉粉尘暴露而导致受害者罹患石棉肺、肺癌、恶性间皮瘤等疾病的事件，在2012年12月5日东京地方法院判决中认定了国家赔偿责任。参见"首都圈建设石棉东京诉讼"，载《判例时报》第2183号，第194页。
[5] 由于吸入兵库县尼崎市大型机械制造商久保田工厂飞散出来的石棉粉末而患上石棉肺的受害者提起的诉讼，法院根据2006年《石棉健康受害救济法》认定受害者为救济对象。这是首例非因工作因素吸入石棉的工厂周边居民被确定为石棉肺受害救济对象的案例。参见[日]大塚直:《环境法》，有斐阁2010年版，第649页。

果国家机关作为侵权主体承担赔偿责任,在法律关系上仍然属于平等主体之间的权利义务关系,所以国家承担的是民事责任而不是行政责任。就《侵权责任法》与《国家赔偿法》的关系而言,其属于基本法与特别法的关系。[1]因此国家赔偿责任属于特别法规定的侵权责任,国家赔偿诉讼形式上属于民事诉讼。民事诉讼中的生态环境侵权案件普遍具有复杂性、潜伏性、间接性等特点,单凭私人民事主体之间的损害赔偿诉讼很难实现救济目的,需要考虑更多问题解决途径。

保护民众的生命健康是国家最重要的基本职责,国家为了确保从事高危产业劳动者的身体健康,应及时、妥当地行使法律法规中的规制权限,同时也负有根据最新的医学、科技知识对法律做适当修订的义务。即使是在社会经济的高速成长期,也从来没有把民众的生命健康与经济发展放在一个天平上衡量的立法价值取向。如果违反了以上"行使权限义务化"的理由,就可以认定国家的赔偿责任。因此,在传统的民事责任追究路径之余,明确在何种具体条件下可以认定国家赔偿责任,对今后的生态环境侵权纠纷案件不失提供了一条参考路径。在确认行为违法性的条件下由国家承担环境污染、生态破坏的侵权责任,可以提高受害人获得足额赔偿的概率。

当然若在环境侵权案件中一味地追究国家赔偿责任也有妨碍行政机关行使正常职能之缺陷。为避免国家财政负担过重,原则上应优先适用民事诉讼程序,追究行政机关不作为的国家赔偿诉讼可以作为补充。无论如何,最终目的都在于平衡国家公共利益和受害人合法权益之间的关系。毕竟损害赔偿的目的在于平衡公共利益与个人利益的同时最大限度地保护民众的合法权益,而这一宗旨在生态环境侵权诉讼

---

[1] 参见杨立新:《侵权赔偿责任与国家赔偿责任的交叉与分野》,载《中国审判》2013年第12期。

中有更突出的表现，因此只要立足于这一目的构建我国生态环境侵权责任制度体系，既可以扩展生态环境侵权责任追究路径，又可以缓解受害人权益保障不到位的困境，实现"保护优先、预防为主、综合治理、公众参与、损害担责"的原则立场。

三、社会综合救济体系设想的提出

综观世界法制动向，对环境公害、缺陷产品责任等大规模侵权的救济问题，出现了主张应由侵权法、保险法、社会保障法等法律共同调整的发展趋势，并且现今已经有国家对于人身损害赔偿事件，放弃传统的侵权行为之诉，而是采取完全由责任保险法或社会保障法进行处理的实例，[1]由此拉开了损害赔偿社会化的序幕。加藤雅信受此启示，并结合现行侵权制度的固有缺陷，倡导将社会保险制度与损害赔偿制度合二为一，在社会中建立一个综合的人身损害救济体系。[2]该体系在要求缴纳以往侵权行为特别法要求的社会保险费的同时，还需要从事危险工作的主体也缴纳与现行保险金相等的金额，而对受害人则不分事故原因的种类予以等额给付。除此之外，在不能确定多数加害人团体性责任的情况下，因个别侵权行为的受害人首先从综合救济系统中得到给付金，然后综合救济系统再通过向加害人追偿补充原始资金。为了实现此系统的运营，首先要建立救济基金，其来源包括征收的危险行为课征金（如机动车强制保险、环境污染负荷量征收金、劳灾保险等），自卫性保险费（如医疗保险、养老保险），环境税费等。

---

[1] 参见［日］加藤雅信：《从损害赔偿到社会保障——以救济人身受害为目的》，三省堂1989年版，第41页。

[2] 参见［日］加藤雅信、池田真朗、大村敦志等编：《民法学说百年史》，三省堂1999年版，第625页。

传统的损害赔偿制度以自己责任为原则，属于依据侵权法追究侵权行为人责任的民事救济制度。加藤雅信提出的综合救济体系是以社会性集团责任为基础的社会保障制度，其特点在于救济的公平性、迅速性以及确实性。相比以往侵权损害赔偿制度对加害人的制裁与对受害人的救济宗旨，此种综合救济制度的目的主要在于便利对受害人的救济，与生态环境侵权制度本身的目的不谋而合。

不能否认，以侵权责任法为代表的私法规范不能有效遏制生态环境损害的发生。通过追究污染者的损害赔偿责任，令其在将来的行为中尽到注意义务，防止损害后果的出现，是侵权责任法本身威慑功能的体现。但在某些情况下，污染者即使意识到排污行为的违法性，出于经济利益、政策因素等的考量，并不会倾尽全力赔偿受害人。而受害人方面也存在因损失微小而不愿寻求救济的厌讼情绪，或者无法确定自身权益是否受损而不主动寻求救济的情况，均会令相关责任追究陷入停滞状态。此时，若将出于种种原因而不能承担的部分责任转移至社会承担，利用社会保障制度对受害人进行损失填补，从而提高受害人获得救济的可能性，同时还能减轻侵权行为人的经济负担，令受害人得到完全赔偿，此为损害赔偿社会化的体现。

显然我国尚缺乏对生态环境侵权责任社会化观念的提倡与关注。生态环境侵权损害社会化救济理论主要采用侵权法的研究视角，将其作为侵权理论体系的延伸。目前我国明确提出的生态环境侵权损害社会化救济途径包括责任保险制度与环境损害赔偿基金制度，[①]但是对

[①] 参见吕忠梅主编：《环境法案例辨析》，高等教育出版社2006年版，第143页。责任保险制度是指为自己可能致他人损害而承担民事责任所设置的保险。环境损害赔偿基金是由环境污染源的所有者或经营者提供，并组成基金会的环境民事责任拟制主体。

社会保障制度能否在生态环境损害赔偿中发挥作用尚未涉及。鉴于已有国家完全采用社会保障制度来代替侵权法对受害者实施的救济，因此我国是否应更全面地引入生态环境损害的社会化理念，在建立健全环境责任保险制度与环境损害赔偿基金制度的同时，重视发挥其他社会化救济途径的作用，在不能完成对受害人的完全赔付时，采取相应措施进行后续的补偿。

然而，综合救济体系的设想一经提出便受到众多批判，比如实行此种制度会直接造成侵权行为人的责任意识淡薄化，不利于社会整体的和谐稳定。建立此种制度所需要的费用庞大，如新西兰那样经济规模较小，且有高福利制度辅助的国家尚有实现的可能，但对其他国家而言则很难推行。况且在国家现有保障体系不健全的情况下，导入救济制度一体化的系统，很可能起到相反作用。[1]对此笔者认为，无论社会保障制度设计如何完善，侵权法都有其独立存在的意义，不可能完全予以废止。在处理生态环境侵权纠纷所遇到的问题中，例如受害人的救济困境、对加害人连带责任的限制等，都有进行慎重判断之必要，可通过修订具体的法律制度加以完善。另外，将加害人履行不能的风险在某种程度上转移至社会保障领域，在追究侵权责任的同时，考虑通过适用责任保险制度与社会保障制度，对受害者进行补充性救济，也未尝不是一种解决途径。

现代侵权法所树立的核心思想为，损害可先予以内部化，令创造和实施危险活动的主体承担责任，再经由商品或服务的价格机能转由多数人承担，以上理念同样可以适用于生态环境侵权领域。针

---

[1] 参见渠涛：《从损害赔偿走向社会保障性的救济——加藤雅信教授对侵权行为法的构想》，载梁慧星主编：《民商法论丛》（第2卷），法律出版社1994年版，第319页。

对生态环境侵权纠纷中的责任承担问题，有必要在我国现行法律的既定规则的基础上将研究视域作进一步扩展，探讨建立综合救济体系，将侵权责任与国家赔偿、社会保障、行政补偿等制度相结合，突破现有的责任承担模式，针对不同的责任主体选择适用行之有效的责任承担模式，探索设置有利于国家社会公共利益的创新型多元化法律制度体系。

参考文献

一、著作

1. 张晋藩:《清代民法综论》,中国政法大学出版社1998年版。
2. 谢振民、张知本:《中华民国立法史》,中国政法大学出版社2000年版。
3. 杨立新:《大清民律草案·民国民律草案》,吉林人民出版社2002年版。
4. 梅仲协:《改订新版民法要义》,三民书局1959年版。
5. 郑玉波:《民法债编总论》,三民书局1962年版。
6. 何孝元:《民法债篇总论》,三民书局1968年版。
7. 王伯琦:《民法债编总论》,正中书局1983年版。
8. 胡长清:《中国民法债编总论》,台湾商务印书馆1977年版。
9. 王泽鉴:《侵权行为》,北京大学出版社2009年版。
10. 史尚宽:《债法总论》,台湾荣泰印书馆1978年版。
11. 林诚二:《民法债编总论——体系化解说》,中国人民大学出版社2003年版。
12. 梁书文、回沪明、杨振山:《民法通则及配套规定新释新解》,人民法院出版社2001年版。
13. 程啸:《侵权行为法总论》,中国人民大学出版社2008年版。
14. 张新宝:《侵权责任法原理》,中国人民大学出版社2005年版。
15. 杨立新:《多数人侵权行为与责任》,法律出版社2017年版。

16. 王利明：《侵权行为法归责原则研究》，中国政法大学出版社2003年版。

17.《人身损害赔偿指导案例与审判依据》编写组：《人身损害赔偿指导案例与审判依据》，法律出版社2009年版。

18. 程啸：《侵权责任法》（第3版），法律出版社2021年版。

19. 王利明：《侵权行为法研究》（上卷），中国人民大学出版社2004年版。

20. 王卫国：《过错责任原则：第三次勃兴》，中国法制出版社2000年版。

21. 佟柔：《民法原理》，法律出版社1982年版。

22. 高圣平：《中华人民共和国侵权责任法立法争点、立法例及经典案例》，北京大学出版社2010年版。

23. 梁慧星：《中国民法典草案建议稿附理由（侵权行为编　继承编）》，法律出版社2004年版。

24. 最高人民法院侵权责任法研究小组编著：《中华人民共和国侵权责任法条文理解与适用》，人民法院出版社2010年版。

25. 全国人大常委会法制工作委员会民法室编：《侵权责任法立法背景与观点全集》，法律出版社2010年版。

26. 全国人大常委会法制工作委员会民法室编：《中华人民共和国侵权责任法条文说明、立法理由及相关规定》，北京大学出版社2010年版。

27. 李中原：《多数人侵权责任分担机制研究》，北京大学出版社2014年版。

28. 王胜明：《中华人民共和国侵权责任法释义》，法律出版社2013年版。

29. 最高人民法院民法典贯彻实施工作领导小组主编：《中华人民共和国民法典侵权责任编理解与适用》，人民法院出版社2020年版。

30. 邹海林、朱广新：《民法典评注：侵权责任编》，中国法制出版社2020年版。

31. 杨立新：《侵权责任法》（第4版），法律出版社2021年版。

32. 最高人民法院研究室、最高人民法院环境资源审判庭编著：《最高人民法院环境侵权责任纠纷司法解释理解与适用》，人民法院出版社2016年版。

33. 胡卫：《环境侵权中修复责任的适用研究》，法律出版社2017年版。

34. 吕忠梅：《沟通与协调之途——论公民环境权的民法保护》，中国人民大学出版社2005年版。

35. 吕忠梅等：《环境损害赔偿法的理论与实践》，中国政法大学出版社2013年版。

36. 《党政领导干部生态环境损害责任追究办法（试行）》，人民出版社2015年版。

37. 汪劲：《环境法学》（第2版），北京大学出版社2013年版。

38. 张新宝、葛维宝：《大规模侵权法律对策研究》，法律出版社2011年版。

39. 刘建民、刘言浩：《商事侵权责任法》，复旦大学出版社2012年版。

40. 邵海：《现代侵权法的嬗变——以责任保险的影响为视角》，法律出版社2012年版。

41. 叶知年：《环境民法要论》，法律出版社2014年版。

42. 侯佳儒：《中国环境侵权责任法基本问题研究》，北京大学出版社2014年版。

43. 汪劲：《环境正义：丧钟为谁而鸣：美国联邦法院环境诉讼经典判例选》，北京大学出版社2006年版。

44. 最高人民法院环境资源审判庭编著：《最高人民法院生态环境损害赔偿案件司法解释理解与适用》，人民法院出版社2023年版。

45. 最高人民法院环境资源审判庭编著：《最高人民法院环境民事公益诉讼案件司法解释理解与适用（修订版）》，人民法院出版社2023年版。

46. 最高人民法院环境资源审判庭编著：《最高人民法院生态环境侵权禁止令保全措施、惩罚性赔偿司法解释的理解与适用》，人民法院出版社2023年版。

47. 沈晓刚：《环境民事公益诉讼典型案例与实务精要》，法律出版社2021年版。

48. 张璐：《环境法的私法逻辑》，北京大学出版社2023年版。

49. 窦海阳：《环境污染与生态破坏责任论》，社会科学文献出版社2021年版。

50. 冯汝：《政府提起生态环境损害赔偿诉讼制度研究》，中国政法大学出版社2022年版。

51. 彭中遥：《生态环境损害赔偿诉讼制度研究》，中国社会科学出版社2022年版。

52. 刘长兴：《超越惩罚：环境法律责任的体系重整》，法律出版社2022年版。

53. 吴辰、冯嘉、吴俊、潘剑、解静、唐浩哲：《惩罚性赔偿：原理、规则与判例》，法律出版社2022年版。

54. [荷]威廉·范博姆、米夏埃尔·富尔：《在私法体系与公法体系之间的赔偿转移》，黄本莲译，中国法制出版社2012年版。

55. [英]马克·维尔德：《环境损害的民事责任——欧洲和美国法律与政策比较》，张一心、吴婧译，商务印书馆2017年版。

56. [日]日本律师协会：《日本环境诉讼典型案例于评析》，皇甫景山译，中国政法大学出版社2011年版。

57. [日] E.Deutsch, H.J.Ahrens：《德国侵权行为法》，浦川道太郎译，日本评论社2008年版。

58. [日] 前田达明：《民法Ⅵ 2 (不法行为法)》，青林书院1980年版。

59. [日] 北川善太郎：《日本法学的历史与理论》，日本评论社1968年版。

60. [日] 鸠山秀夫：《日本债权法各论》（下卷），岩波书店1924年版。

61. [日] 我妻荣：《无因管理·不当得利·不法行为》，日本评论社1988年版。

62. [日] 前田达明：《不法行为归责论》，创文社1978年版。

63. [日] 几代通（德本伸一补订）：《不法行为法》，有斐阁1993年版。

64. [日] 川井健：《现代不法行为法研究》，日本评论社1978年版。

65. [日] 淡路刚久：《公害赔偿理论》（增补版），有斐阁1978年版。

66. [日] 平井宜雄：《债权各论Ⅱ 不法行为》，弘文堂1993年版。

67. [日] 潮见佳男：《不法行为法Ⅱ》（第2版），信山社2011年版。

68. ［日］泽井裕：《无因管理·不当得利·不法行为》（第3版），有斐阁2001年版。

69. ［日］近江幸治：《民法讲义Ⅵ 无因管理·不当得利·不法行为》，成文堂2004年版。

70. ［日］日本律师联合会：《环境法》，日本评论社2011年版。

71. ［日］东京都公害局规制指导部：《东京都公害防止条例逐条解说》，公人社1971年版。

72. ［日］淡路刚久、大塚直、北村喜宣：《环境法判例百选》（第2版），有斐阁2011年版。

73. ［日］大塚直：《环境法》（第3版），有斐阁2010年版。

74. ［日］内田贵：《民法2 债权各论》，东京大学出版会2005年版。

75. ［日］德本镇：《企业不法行为责任研究》，一粒社1974年版。

76. ［日］泽井裕：《公害停止侵害的法理》，日本评论社1976年版。

77. ［日］淡路刚久：《公害环境问题与理论》，有斐阁1985年版。

78. ［日］淡路刚久、寺西俊一、吉村良一：《公害环境诉讼的新展开》，日本评论社2012年版。

79. ［日］浜上则雄：《现代不法行为研究》，信山社1993年版。

80. ［日］四宫和夫：《现代法律学全集10 无因管理·不当得利·不法行为》（下卷），青林书院1985年版。

81. ［日］加藤雅信：《从损害赔偿到社会保障——以救济人身受害为目的》，三省堂1989年版。

82. ［日］加藤雅信、池田真朗、大村敦志：《民法学说百年史》，三省堂1999年版。

83. ［日］岛田正郎：《清末近代法典的编纂》，创文社1980年版。

84. ［日］我妻荣：《中华民国民法债权总论》，中央大学1933年版。

85. ［日］内田贵、大村敦志：《民法的争点》，有斐阁2007年版。

86. ［日］淡路刚久：《连带债务研究》，弘文堂1987年版。

87.［日］法务大臣官房司法法制调查部：《日本近代立法资料丛书5　法典调查会民法议事速记录五》，商事法务研究会1984年版。

88.［日］梅谦次郎：《民法要义卷之三·债权》，有斐阁1911年版。

89.［日］冈松参太郎：《注释民法理由》（下卷），有斐阁1897年版。

90.［日］横田秀雄：《债权各论》，清水书店1912年版。

91.［日］末弘严太郎：《债权各论》，有斐阁1920年版。

92.［日］加藤一郎：《不法行为》（增补版），有斐阁1957年版。

93. Principle, Definitions and Model Rules of European Private Law Draft Common Frame of Reference（DCFR）outline edition, 2009.

二、论文

1.伍再阳：《意思联络是共同侵权行为的必备要件》，《现代法学》1984年第2期。

2.邓大榜：《共同侵权行为的民事责任初探》，《法学季刊》1982年第3期。

3.王利明：《我国侵权责任法的体系构造——以救济法为中心》，《中国法学》2008年第4期。

4.曹险峰：《数人侵权的体系构成》，《法学研究》2011年第5期。

5.程啸：《论共同危险行为的构成要件——以〈侵权责任法〉第10条为中心》，《法律科学》2010年第2期。

6.刘宝玉、王仕印：《共同危险行为争议问题探讨》，《法学》2007年第2期。

7.中国民法典立法研究课题组：《中国民法典侵权行为编草案建议稿》，《法学研究》2002年第2期。

8.杨立新：《论竞合侵权行为》，《清华法学》2013年第1期。

9.郑志峰：《竞合侵权行为理论的反思与重构——与杨立新教授商榷》，《政治与法律》2015年第8期。

10.傅远泓：《论"部分连带"责任效果的类型化及适用》，《民商法论丛》

2020年第2期。

11. 张新宝、庄超：《扩张与强化：环境侵权责任的综合适用》，《中国社会科学》2014年第3期。

12. 孙佑海、唐忠辉：《论数人环境侵权的责任形态——〈侵权责任法〉第67条评析》，《法学评论》2011年第6期。

13. 刘超：《〈民法典〉环境侵权惩罚性赔偿制度之功能剖辩》，《政法论丛》2022年第1期。

14. 杨立新：《侵权赔偿责任与国家赔偿责任的交叉与分野》，《中国审判》2013年第12期。

15. 渠涛：《从损害赔偿走向社会保障性的救济——加藤雅信教授对侵权行为法的构想》，《民商法论丛》第2卷。

16. 江必新：《国家赔偿与民事侵权赔偿关系之再认识——兼论国家赔偿中侵权责任法的适用》，《法制与社会发展》2013年第1期。

17. 华国庆、黄大芬：《〈民法典〉视域下环境健康损害惩罚性赔偿的适用研究》，《法学论坛》2022年第5期。

18. 李艳芳、张舒：《生态环境损害惩罚性赔偿研究》，《中国人民大学学报》2022年第2期。

19. 刘竹梅、刘牧晗：《〈关于审理生态环境侵权纠纷案件适用惩罚性赔偿的解释〉的理解与适用》，《人民司法》2022年第7期。

20. 刘志阳：《惩罚性赔偿适用中的实体正义与程序正义》，《法制与社会发展》2022年第1期。

21. 巩固：《生态环境损害赔偿诉讼与环境民事公益诉讼关系探究——兼析〈民法典〉生态赔偿条款》，《法学论坛》2022年第1期。

22. 孙佑海、张净雪：《生态环境损害惩罚性赔偿的证成与适用》，《中国政法大学学报》2022年第1期。

23. 徐以祥：《〈民法典〉中生态环境损害责任的规范解释》，《法学评论》2021年第2期。

24. 刘士国：《民法典"环境污染和生态环境责任"评析》，《东方法学》2020年第4期。

25. 刘超：《〈民法典〉侵权责任编的绿色制度创新》，《法学杂志》2020年第10期。

26. 王利明：《〈民法典〉中环境污染和生态破坏责任的亮点》，《广东社会科学》2021年第1期。

27. 陈广华、崇章：《环境侵权惩罚性赔偿司法适用问题研究》，《河海大学学报》2022年第1期。

28. 朱广新：《惩罚性赔偿制度的演进与适用》，《中国社会科学》2014年第3期。

29. 彭峰：《惩罚性赔偿在生态环境损害赔偿中的适用限制》，《政治与法律》2022年第11期。

30. 刘明全：《环境诉讼禁令制度的法理与二元构建》，《法商研究》2017年第6期。

31. 刘明全：《环境司法中预防性责任方式的分层建构》，《华中科技大学学报（社会科学版）》2019年第3期。

32. 秦天宝：《〈民法典〉背景下环境保护禁止令的法教义学展开——基于人格权禁令制度的考察》，《政法论丛》2022年第1期。

33. 刘长兴：《环境权保护的人格权法进路——兼论绿色原则在民法典人格权编的体现》，《法学评论》2019年第3期。

34. 杨凯：《民行一体化：环境司法诉讼禁令制度的重构与完善》，《武汉大学学报（哲学社会科学版）》2019年第4期。

35. 任洪涛、唐珊瑚：《论我国环境保护禁止令的程序定位及适用规则》，《长白学刊》2022年第6期。

36. 张素华：《论人格权禁令的性质及司法适用》，《比较法研究》2021年第6期。

37. 王军、王梦晗：《德国侵权法上一般人格权制度及利益权衡原则》，

《山西大学学报（哲学社会科学版）》2008年第6期。

38. 毕潇潇、房绍坤：《美国法上临时禁令的适用及借鉴》，《苏州大学学报（哲学社会科学版）》2017年第2期。

39. 杨朝霞：《论环境权的性质》，《中国法学》2020年第2期。

40. 王晶：《环境保护禁止令之适用审视》，《甘肃政法学院学报》2019年第2期。

41. 周友军：《我国侵权责任形式的反思》，《法学杂志》2009年第3期。

42. 崔建远：《绝对权请求权抑或侵权责任方式》，《法学》2002年第11期。

43. ［日］松原孝明：《关于共同侵权行为关联共同性要件的再探讨（二·完）——从日德通说的形成过程看对现在解释论的启示》，《上智法学论集》2005年第48卷第2期。

44. ［日］加藤雅信、森胁章：《中国不法行为法（侵权责任法）的制定与中国民法的动向》，《法律时报》2010年第82卷第2号。

45. ［日］能见善久：《共同不法行为责任的基础考察（二）》，《法学协会杂志》1977年第94卷第8号。

46. ［日］淡路刚久：《日本不法行为法重述⑬共同侵权行为》，*Jurist* 1987年第898号。

47. ［日］大塚直：《停止侵害与损害赔偿——不法行为法改正草案》，*Jurist* 2008年第1362号。

48. ［日］好美清光、竹下守夫：《痛痛病第一次诉讼第一审判决之法律探讨》，《判例时报》1971年第646号。

49. ［日］大塚直：《生活妨害停止侵害的基础考察（8）》，《法学协会杂志》1986年第32号。

50. ［日］池田直树：《关于石棉受害救济的法律课题》，《劳动法律旬报》第1617号。

51. ［日］星野英一、森岛昭夫编：《现代社会与民法学的动向》，有斐阁1992年版。

52.［日］大塚直：《共同不法行为论》，《公害环境法理论的新展开》，日本评论社1997年版。

53.［日］平井宜雄：《关于共同不法行为的考察》，《川岛武宜还历记念·民法学的现代课题》，岩波书店1972年版。

54.［日］大塚直：《基于原因竞合的比例责任论之基础考察》，中川良延：《星野英一先生古稀祝贺·日本民法学的形成与课题》（下），有斐阁1996年版。

55.［日］宫川博史：《交通事故与医疗事故的竞合》，盐崎勤：《现代民事裁判的课题8》，新日本法规出版社1989年版。

56.［日］西原道夫：《公害赔偿法体系的地位》，有泉亨：《现代损害赔偿法讲座5卷》，日本评论社1973年版。

57.［日］淡路刚久：《与人格权、环境权有关的停止侵害请求权》，《判例TIMES》第1062号。

58. Rozek, Richard P.Economic Analysis of the Risks Associated with Seeking a Preliminary Injunction.European Journal of RiskRegulation Vol.7, Iussue 1（2016）.

59. Edward H.P.Brans, Liability for Damage to Public Nature Resources: Standing, Damages and Damage Assessment, Kluwer Law International（2001）.

60. Mark Wilde, Civil liability for environmental damage: A Comparative Analysis of Law and Policy in Europe and the United States, Kluwer Law International（2002）.

61. Kenneth S.Rivlin & Jamaica D.Potts Proposed Rule Changes to Federal Civil Procedure May Introduce New Challenges in Environmental Class Action Litigation.27 Harv.Envtl.L.Rev.（2003）.

62. Mark Latham, Victor E.Schwartz and Christopher E.Appel, The Intersection of Tort and Environmental Law: Where the Twains Should Meet and Depart, 80 Fordham L.Rev.737（2011）.

图书在版编目（CIP）数据

比较法视野下的多数人侵权责任论：以日本环境损害救济为考察对象 / 赵晶著. -- 北京：中国法制出版社，2024.8. -- ISBN 978-7-5216-4666-5

Ⅰ.D931.326

中国国家版本馆CIP数据核字第2024JR0145号

责任编辑：侯　鹏　　　　　　　　　　　　封面设计：李　宁

比较法视野下的多数人侵权责任论：以日本环境损害救济为考察对象
BIJIAOFA SHIYE XIA DE DUOSHUREN QINQUAN ZERENLUN：YI RIBEN HUANJING SUNHAI JIUJI WEI KAOCHA DUIXIANG

著者 / 赵　晶
经销 / 新华书店
印刷 / 北京虎彩文化传播有限公司
开本 / 880毫米×1230毫米　32开　　　　　印张 / 7.5　字数 / 180千
版次 / 2024年8月第1版　　　　　　　　　2024年8月第1次印刷

中国法制出版社出版
书号ISBN 978-7-5216-4666-5　　　　　　　　　　定价：49.00元

北京市西城区西便门西里甲16号西便门办公区
邮政编码：100053　　　　　　　　　　　传真：010-63141600
网址：http://www.zgfzs.com　　　　　　编辑部电话：010-63141826
市场营销部电话：010-63141612　　　　　印务部电话：010-63141606

（如有印装质量问题，请与本社印务部联系。）